サンエイ新書
11

ルイス・フロイスが見た
異聞・織田信長

時空旅人編集部 編
Jikutabibito henshubu

はじめに　外国人が見た、信長の真の姿とは

戦国乱世を収束に導いた時代の担い手、織田信長《おだのぶなが》。京都・室町の足利将軍家が弱体化していた絶好のタイミングに彗星のごとく現れ、35歳の時に上洛を果たすと、室町幕府を瓦解させ、一躍「天下人」に最も近い存在へと登りつめた。

その後も乱世はしばらく続くが、信長から秀吉へとつながる武家政権の時代は「安土桃山時代」（織豊時代）と位置づけられ、「桃山文化」「桃山美術」なる言葉が現れるなど、日本史のなかでも華やかな存在感を示している。

海外に目を向ければ、この頃は「大航海時代」にあたり、来日したヨーロッパ人が日本に様々な異国文化をもたらした。特にキリスト教を広めるために来日した宣教師たちは、日本での布教活動を有利に行うため、西日本の大名たちと盛んに交流した。日本史上で初の西洋との文化交流の時代でもあったのだ。

当時、最も天下人に近く、京都の支配者として君臨しつつあった織田信長に、ルイス・フロイスという宣教師が接近したのは、歴史の偶然であり、また必然だったのだろう。フロイスは何度も信長と会い、また彼と親しく言葉を交わした。権力者である

信長と会うだけでも大変だった情勢下、フロイスは特別待遇を受け、一時は他の誰より信長に接近した人物ともいえるのだ。

フロイスが極めて真面目な性格で、好奇心旺盛だったことは、私たちにとって非常に幸いだった。信長の人物像、彼と交わした言葉までを克明に記録した著作『日本史』が残ることになったからである。そのおかげで、私たちは当時の外国人の目を通して描かれた信長の姿を垣間見ることができるのだ。

人の性質は、そう単純に評価できるものではない。短気と思われる人が意外な粘り強さを発揮することもあるし、厳しいといわれる人が、常に他人に厳しく接しているわけではない。『日本史』に描かれる織田信長は、まさにその好例である。

なぜ、フロイスはそれほどまでに信長に大切に扱われたのか。その後の両者の関係はどうなったのか。「本能寺の変」を、フロイスはどう受け止め、以後をどこで、どのように過ごしたのか……。ドラマチックかつ波乱に富んだ織田信長、ルイス・フロイスの生涯を通じ、当時の人々の息遣いを感じていただきたい。

ルイス・フロイスが見た 異聞・織田信長　目次

第二章　信長とフロイスの出会い

第三章　太田牛一が語れなかった武将像

第四章　信長の覇業、その目撃者となる

終　章　秀吉による天下統一と迫害

巻末付録　信長の戦いを検証す！

本書は２０１６年５月26日に発売された時空旅人Vol.32「フロイスが見た 異聞・織田信長」をベースに、一部企画内容を変更、ならびに加筆・修正のうえ再構成した新書です。当時の本文内容に基本的に変更はございません。また一部情報に関しては掲載当時のものを含みます。

序章　信長、天下布武への布石

フロイスと出会うまでの織田信長の歩み
信長、天下布武への布石

18歳で父の跡を継ぎ身内との実権争いへ

「信長は尾張国の三分の二の主君なる殿(織田信秀)の第二子であった」

フロイスが『日本史』のなかでそう紹介しているように、織田信長は信秀の長男ではなく次男で、年の離れた兄・信広がいた。この兄は腹違いであり、しかも母の身分が低かったために嫡男とされず、弟の信長が後継者として育てられたのである。当時、ままある例であった。

天文20年(1551)、信長が18歳の時に父・信秀が病死した。その葬儀において祭壇に抹香《まっこう》を投げつけたという逸話は有名で、『信長公記《しんちょうこうき》』にも記されている。その一方で、フロイスは後から何者かに聞いた信長と信秀の逸話を『日本史』にこう記している。

「父が瀕死になった時、信長は父の生命について祈祷することを仏僧らに願い、父が病気から回復するかどうか尋ねた。僧らは彼が回復するであろうと保証した。しかし、父は数日後に世を去った。そこで信長は仏僧らをある寺院に監禁し、外から戸を閉め、『貴僧らは父の健康について虚偽を申し立てた。今や自らの生命を、念を入れて偶像に祈るが良い』と言い、彼らを外から包囲し、彼らのうち数人を射殺させた」

その後、信長は同族の織田信友、弟の織田信勝との家督争いを制し、尾張統一を果たす。永禄2年（1559）、26歳の時である。同年、信長は100名ほどの軍勢を連れて京へ上り、室町幕府十三代将軍・足利義輝《あしかがよしてる》に謁見した。織田家は、もともと尾張の守護代であり、室町幕府とのつながりが強い。そのため、将軍に会い、尾張の実行支配を認めてもらうことで、自らの権威を高めようとしたのだろう。信長は義輝への忠節を誓い、多くの金品を献上したとみられる。もっとも、この時の信長はまだ尾張一国の小大名。将軍に面会後、京都や奈良、堺を見物してから、ほどなく帰国した。

永禄3年（1560）、駿河・今川義元が2万5000の大軍で尾張国へ侵攻してきた。名高き「桶狭間《おけはざま》の戦い」である。織田軍の兵力は3～4000だったが、信長は精鋭2000を率いて清洲城から出撃。雨で視界が効かず動きを鈍らせていた今川軍の一角を強襲したところ、それが今川義元の本陣であった。

桶狭間山での思わぬ遭遇戦により義元は討たれ、信長が華々しい逆転勝利を飾った。絶対的カリスマを失った今川家は敗退し、急速に衰えていく。

7年の歳月をかけ念願の美濃攻略を実現

東の憂いを断った信長は、今度は北の美濃（岐阜県）攻略に乗り出す。フロイスの『日本史』には、「信長は夜間、家臣のほとんどを退かせ、夜陰に乗じ、敵（斎藤龍興）の背後に配置した。敵が進撃し、目前の敵を攻撃することに夢中になると、信長は彼を挟撃し、その多数の部下を殺し、軍勢に打撃を加え、ただちに美濃の主城へ突進し、すべては難なく信長に帰服した」（抜粋）とある。

これも、後に何者かに聞いた情報をもとに書いたものだろう。楽に美濃を得たように記しているのは「桶狭間の戦い」との混同があったのではないだろうか。実際は、信長が美濃攻略を果たしたのは永禄10年（1567）のことで、実に7年の歳月を要している。

しかし、当時の美濃は交通の要所で豊かな土地があり、近江を挟んで京都にもすぐの場所にあった。この美濃を得たことで、信長は「天下」を意識するようになったといわれる。当時の「天下」は畿内五カ国のことを指したようではあるが、日本で最も重要な場所であることに変わりはなかった。また、『信長公記』によれば、稲葉山の城下の井口を、中国の周の文王ゆかりの「岐山」、孔子が生まれた「曲阜」にちなみ、現在まで残る「岐阜《ぎふ》」と改めている。それは、信長がフロイスと出会う2年前のことであった。

その後、今川家では義元の嫡男・氏真が跡を継いだが、求心力の衰えは隠せなかった。それまで義元に従っていた勢力が相次いで離反し、三河（愛知県東部）では松平元康《もとやす》が岡崎城で独立を果たす。彼こそがのちの「徳川家康」で、今川の支配から脱却し、ようやく御家再興を果たして一大名として名乗りを挙げたのである。

「桶狭間の戦い」を制し、大いに武名を高めた信長は、完全に尾張の支配権を確立した。その後、ただちに松平元康（徳川家康）と同盟を結び、東の備えを彼に託した上で、西へと目を向けるのである。

信長を読み解く三大史料
日本史・信長公記・甫庵信長記

フロイスが筆者に抜擢された理由とは？

「史料」とは、歴史を考察する上で手がかりになるもの全てをいうが、最も望ましいのは、その当時に記された生の史料である。つまり織田信長の史料であれば信長と同時代を生き、本人を知る人が書いたものこそが、最も信頼に足る史料といえよう。

その点から見れば、ルイス・フロイスが半世紀に及ぶ日本での出来事を記した『日本史』は最も精度・密度が高く、これほどの史料はないといっても過言ではない。匹敵する史料といえば、『信長公記《しんちょうこうき》』もしくは、信長本人が書いた手紙ぐらいだが、手紙は情報量が少ないという欠点があることは自明の理である。

『日本史』の著者であるルイス・フロイスは1532年生まれで、32歳の時（1563年）に来日した。織田信長より2歳年上であり、外国人ながら18回も信長と会っている。信長は後半生において当時の日本の最高権力者といっても過言ではなく、彼と会える

織田信長
おだ のぶなが

天文3年(1534)〜天正10年(1582)
尾張の守護代・織田家の分家出身から天下統一目前まで登りつめた。その性格や容姿についてはフロイス『日本史』、『信長公記』に詳しく、またその表記の違いを見るのも面白い。
狩野元秀画　長興寺蔵

人間はごく限られていた。日本の大名のなかでも、彼の家臣を別にすれば、複数回会った人物は数えるぐらいしかいないだろう。

フロイスが『日本史』を書き始めたのは、日本へ来てからちょうど20年が経った1583年のことだ。それまでの日本でのキリスト教布教史を書かせるようポルトガル国王の命令を受けたイエズス会が依頼してきたのである。イエズス会はフロイスの布教の功績や、彼が優れた文章力の持ち主であることを把握しており、それを認めての抜擢であった。

以後、フロイスは布教活動の第一

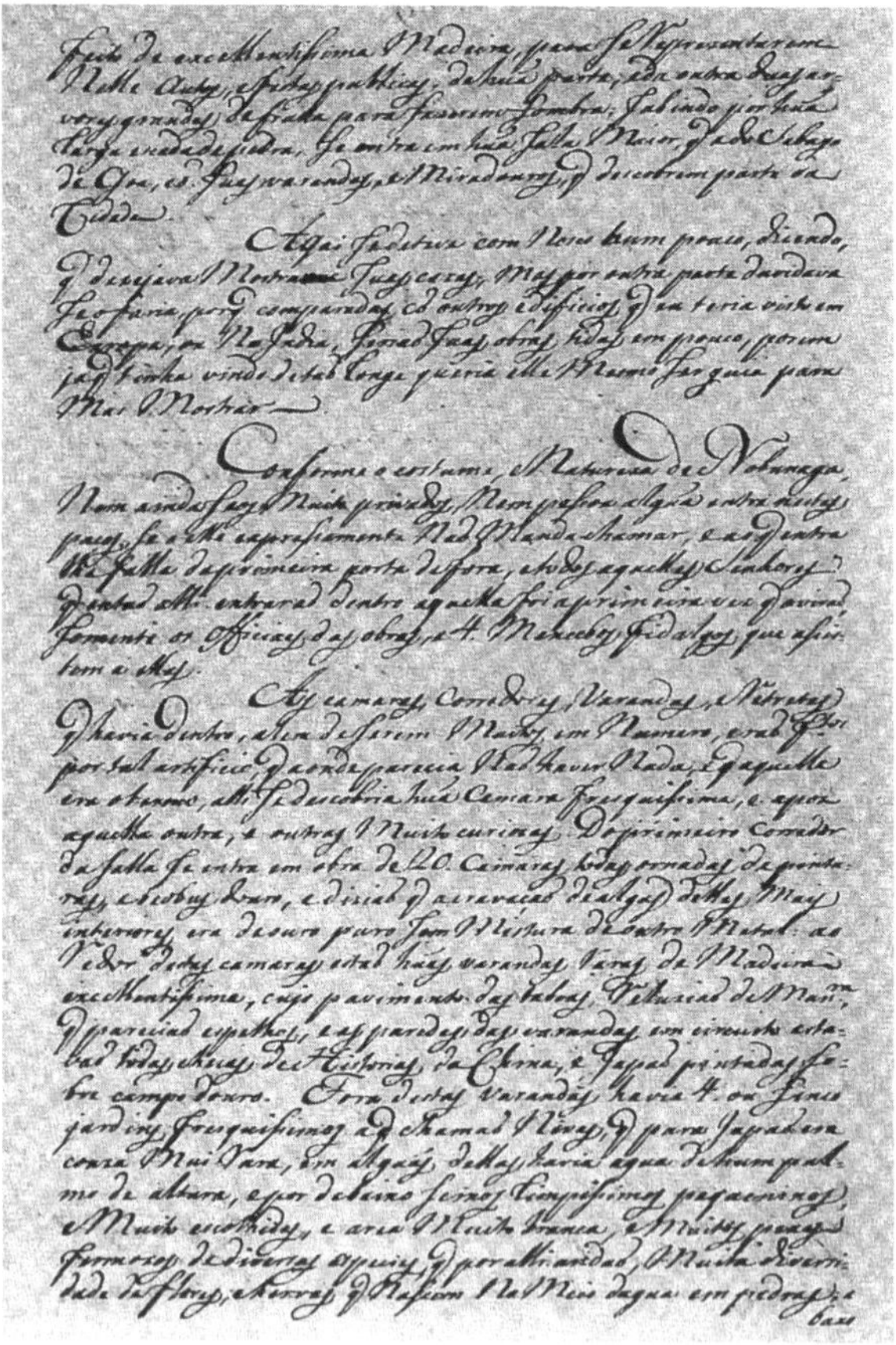

三大史料❶ 日本史〈ルイス・フロイス著〉

日本史とは、もちろん日本名であり、フロイスによる原題は「Historia de lapam」。その鋭い観察眼や優れた記憶力は驚嘆すべきレベルである。あまりの膨大さに出版が見送られ、数百年も眠り続けることになった。現在ではその冗漫さが逆に貴重な史料となっているのは歴史の皮肉といえよう。『日本史』の写本線から退き、主に九州に滞在して『日本史』の執筆に尽力することとなる。元来、生真面目であり記録することが大得意であったフロイスは、「これぞ天命」といわんばかりに、さっそく執筆に取り掛かったはずだ。そして以後、10年以上にわたって執筆を続け、時には1日に10時間以上にわたる執筆を行った。

執筆を始めた1583年は日本の暦で天正11年にあたり、織田信長が「本能寺の変」で落命した翌年になる。それ以前のことについて、フロイスは伝聞と回想も交えながら書いた。だが、フロイスはそれまでにも母国およびインドのゴア（イエズス会のアジア拠点）に宛て「このような豪華な城は欧州にも存在しない」（安土城を見ての感想）など、こまめに手紙や報告書を出していた。よって、それらの写しを参考に、『日本史』としてまとめ直したのである。

外国人から見た第三者的な視点が秀逸

『日本史』は、全3部構成であったが、第1巻は目次だけを残して散逸し、中身は読むことができない。次いで第2巻は天文18年（1549）から天正6年（1578）までの約30年間の記録が全て残る。彼の大先輩にあたるフランシスコ・ザビエルが日本を訪れてキリスト教の布教を開始したところに始まり、信長についても詳細に記されている。

第3巻は天正6年(1578)から文禄3年(1594)までの出来事を記す。主体となるのは信長の絶頂期から豊臣秀吉政権の全盛期のことだ。フロイスは、慶長2年(1597)に長崎で亡くなったため、その直前まで執筆が続けられていた可能性もあるが、現在まで見つかっているのは文禄3年の記録までである。

その内容はフロイスが直接または間接的に接した権力者の動向や特徴、そして日本の文化や生活の細部にまで及ぶ。むろん、西洋人であるために偏見や誤解も多分にあるが、日本での布教活動のために、彼は日本人の生活や文化の理解に努めており、好意的な見方も多い。

殿(Tono)、都(Miyako)、比叡山(Hinoeyama)など、当時の人々が発していた言葉や呼び方が、ローマ字表記から理解できるのも『日本史』の史料的価値の高さである。

あまりに長過ぎたため放置され続けた『日本史』

ところが、これほど価値のある『日本史』の原稿は長らく放置され、ヨーロッパで広く出版されたのは20世紀になってからのことだ。また、日本語で完訳されたのは1

信長を読みとく三大史料　その著者たち

Luís Fróis

ルイス・フロイス

天文元年（1532）～慶長2年（1597）

ポルトガル・リスボン生まれのカトリック司祭、宣教師。語学と文筆の才能を高く評価され、イエズス会士として戦国時代の日本に来日し、布教活動を行う。織田信長や豊臣秀吉らと会見。戦国時代研究の貴重な資料となる『日本史』などを記した。

【代表作】

●日欧文化比較論　天正13年（1585）頃 完成
●日本史　文禄3年（1594）頃 完成
●二十六聖人の殉教記録
　慶長2年（1597）頃 完成

太田牛一

おおたぎゅういち

大永7年（1527）～慶長18年（1613）

尾張国春日井郡（愛知県）出身。信長の家臣・柴田勝家の足軽衆となり、弓の腕を認められて信長の近侍衆に取り立てられる。豊臣秀吉の時代には京都南部の行政官僚や近江国浅井郡の代官、肥前名護屋の建築工事の差配など要職を歴任した。

【代表作】

●太閤様軍記の内　慶長元年（1596）頃 完成
●信長公記　慶長15年（1610）頃 完成

小瀬甫庵

おぜほあん

永禄7年（1564）～寛永17年（1640）

太田牛一と同じ尾張国春日井郡の出身。池田恒興に医者として仕え次いで豊臣秀次、堀尾吉晴に仕え、松江城築城の際に縄張りを担当。その後は京都に移住、江戸時代に子の小瀬素庵と共に加賀藩に仕え、藩主の子に兵学を教え著述に打ち込んだ。

【代表作】

●信長記　元和8年（1622）頃 完成
●太閤記　寛永3年 (1626)頃 完成

アレッサンドロ・ヴァリニャーノ

Alessandro Valignano

1539～1606　イタリア生まれのカトリック教会司祭。日本ほか東洋地域の巡察師という重要なポストに就く。フロイスに『日本史』修正を命じたのは正確・スムーズな報告をしたい一心からだろう。

９７０年代に全５巻の文庫版が出版されたのが初めてで、それは実にフロイスの執筆から約３７０年後のことである。

日の目を見なかったのには理由がある。文禄元年（１５９２）、フロイスは上司にあたるヴァリニャーノと共に、マカオにあったポルトガル居留地に異動となった。その折、フロイスの書いた『日本史』をチェックしたヴァリニャーノが難色を示した。「長すぎる」というのである。

フロイスの丁寧すぎて物事の細部にまで及ぶ原稿は、和紙にして2500枚にも及んだともいい、冗長でありすぎた。ヴァリニャーノはローマへ送る前に『日本史』の内容を編集・短縮するように命じた。

だが、フロイスは「原型のままローマに送付させてほしい」とイエズス会総長に手紙を出した。しかし結局、原稿は当時の赴任先であったマカオの聖ポール天主堂に留め置かれた。その後、フロイスは日本に戻ったが、『日本史』の続きは書けないまま1597年に長崎で病没した。フロイスは『日本史』が公になることを最期まで願っていたという。

それから約140年後の1742年、ポルトガルの学士院が同書を見つけ、原本の写本を作成して本国へ送付した。マカオに残った原本は1835年に聖ポール天主堂が火災で焼けた際、残念ながら焼失したとみられる。現在読めるものは、その写本をもとに翻訳されたものだ。

翻訳の第一人者・川崎桃太氏（京都外国語大名誉教授）はリスボンの王宮図書館で『日本史』の写本と出会い、40年以上にわたって翻訳を行い、今もその訳文の正確さを照らし合わせる作業を続けている。

『日本史』が西洋のみならず日本でも読まれるようになり、フロイス本人も喜んでいるのではないだろうか。

『信長公記』の著者太田牛一とは何者か？

日本人が書いた信長の記録で一級史料と呼べるのは、間違いなく太田牛一《おおたぎゅういち》（信長の元家臣）が記した、『信長公記』であろう。読み方が「のぶながこうき」ではなく、「しんちょうこうき」というのは、米沢藩に伝わる個人蔵本の内題に「しんちやうき」とルビがあるためだ。昔の日本人は偉人を敢えて音読みすることで敬意を払ったという。例えば熊本の人は、今でも加藤清正を「きよまさこう」ではなく「せいしょうこう」と呼ぶことがあるのと似ている。

内容は織田信長の一代記と呼べるもので、信長が13歳で元服した頃から本能寺で亡くなるまでの出来事を記録したものだ。足利義昭を奉じて上洛する前までを首巻として1巻にまとめ、永禄11年（1568）からの15年間は1年1巻とし、全16巻の構成となっている。

三大史料❷ 信長公記《しんちょうこうき》〈太田牛一著〉

太田牛一の自筆による貴重な刊本で重要文化財に指定。建勲神社に所蔵されていることから、「建勲神社本」と呼ばれる。首巻を除く全15巻が揃う。書写年代が牛一の最晩年のものとみられる。信長が若い頃に奇怪な言動から「うつけ者」と呼ばれた頃のことも記述され、また本能寺で討死した信長の近習たちの名前を一人ひとり挙げ、その戦いぶりを記すなどの子細な記述は類を見ない。建勲神社蔵

著者の太田牛一は、大永7年（1527）に尾張の豪族の家に生まれ、28歳の頃から織田信長の家臣・柴田勝家に足軽衆として仕えた。最初から物書きだったわけではなくれっきとした武将であり、戦場で手柄を立て、その弓の腕前を認められて信長の直臣に取り立てられた。

信長が上洛した永禄11年（1568）以降は

側近となり、また書記官として働くようになったため、この頃には『信長公記』の下地となる日記を付けるようになっていたようだ。それは同じ本のなかで信長を「上様」「信長公」「信長」と異なる表現で書いていることからもわかる。

信長の側近であるだけに、その執筆姿勢は丁寧で正確である。同時代にあった文献や史料と照らし合わせながら記述していた形跡があり、史料としての信頼度は極めて高い。

例えば江戸時代に描かれた『長篠合戦屏風《ながしのかっせんびょうぶ》』は、主に『信長公記』の長篠の戦いをもとに描かれたとみられ、後世に与えた影響も多大といえよう。牛一自身も合戦や軍議、建築現場といった重要な場の数々に立ち会っているため、当事者でしか知りえない描写も多く、その点においてフロイス『日本史』に勝る史料ともいえるだろう。

主観性の乏しさが欠点といえば欠点か

ただし、信長および同時代の武将に対する敬意や配慮（遠慮）が多分に感じられることから、主観性やディテールという点では『日本史』よりも簡素な形での描写に留まることも多い。例えば信長が行ったことに対しての論評や批判を加えることも、その立場上から、していない。

『信長公記』の完成は江戸時代はじめといわれ、池田家文庫に伝わる版に慶長15年（1610）の牛一自身による後書きがある。天正17年（1589）以降の牛一は豊臣秀吉に仕え、秀吉の命令で『信長公記』を完成させたといわれる。この点からも、信長よりも当時の天下人・秀吉や徳川家康にとって都合の悪い記述が記されなかったり、削除されていたりする点も指摘されている。

牛一は慶長18年（1613）大坂玉造の自分の屋敷において87歳で亡くなったが、その3年前までは旺盛な執筆を続けており、ほぼ生涯現役で活動したとみられる。

『信長公記』は、フロイス『日本史』とは異なり、牛一自筆のものが3点、現存している。ただし、自筆本にはいずれも首巻がなく、京都の建勲《けんくん》神社、岡山大学付属図書館池田家文庫に全15巻が、尊経閣《そんけいかく》文庫に永禄11年（1568）の部分1巻のみが伝わっている。

写本は大名や公家の家に伝わったものが20種類以上も残されており、それぞれ『安土日記』、『安土記』、『信長記』とも呼ばれている。版によって細部の内容が異なっているのは少し厄介で、現在、文庫本などで読めるものはどのテキストを元にしているかも注視すべきだろう。

甫庵信長記はなぜ大衆に広まったのか

最後に紹介する『甫庵信長記《ほあんしんちょうき》』は、小瀬甫庵《おぜほあん》という学者が記した史料である。正確には『信長記《しんちょうき》』というタイトルだが、『信長公記』と混同されやすく、また『信長公記』の写本のなかにも『信長記』と表題が付いたものがあるため、『甫庵信長記』と区別して扱うことにする。

甫庵は永禄7年(1564)の生まれで、フロイスや太田牛一より、ひと世代若い。医学を学んでいたことから、織田氏家臣の池田恒興《つねおき》に医者として仕えたことに始まり、江戸時代には加賀藩の前田家に仕えて77歳まで生きた。甫庵は太田牛一の『信長公記』を読んで「朴《ぼく》にして約なり」(簡潔すぎて物足りない)と感じ、『信長公記』を元にしつつ、自分なりの『信長記』を書いて広く出版した。江戸時代初期の慶長16年(1611)のことで、まだ太田牛一も存命していた。

その結果、甫庵が書いた『甫庵信長記』は大好評を博す。実は太田牛一の『信長公記』は公家や大名などの知識階級の間でこそ広く読まれていたものの、一般庶民には

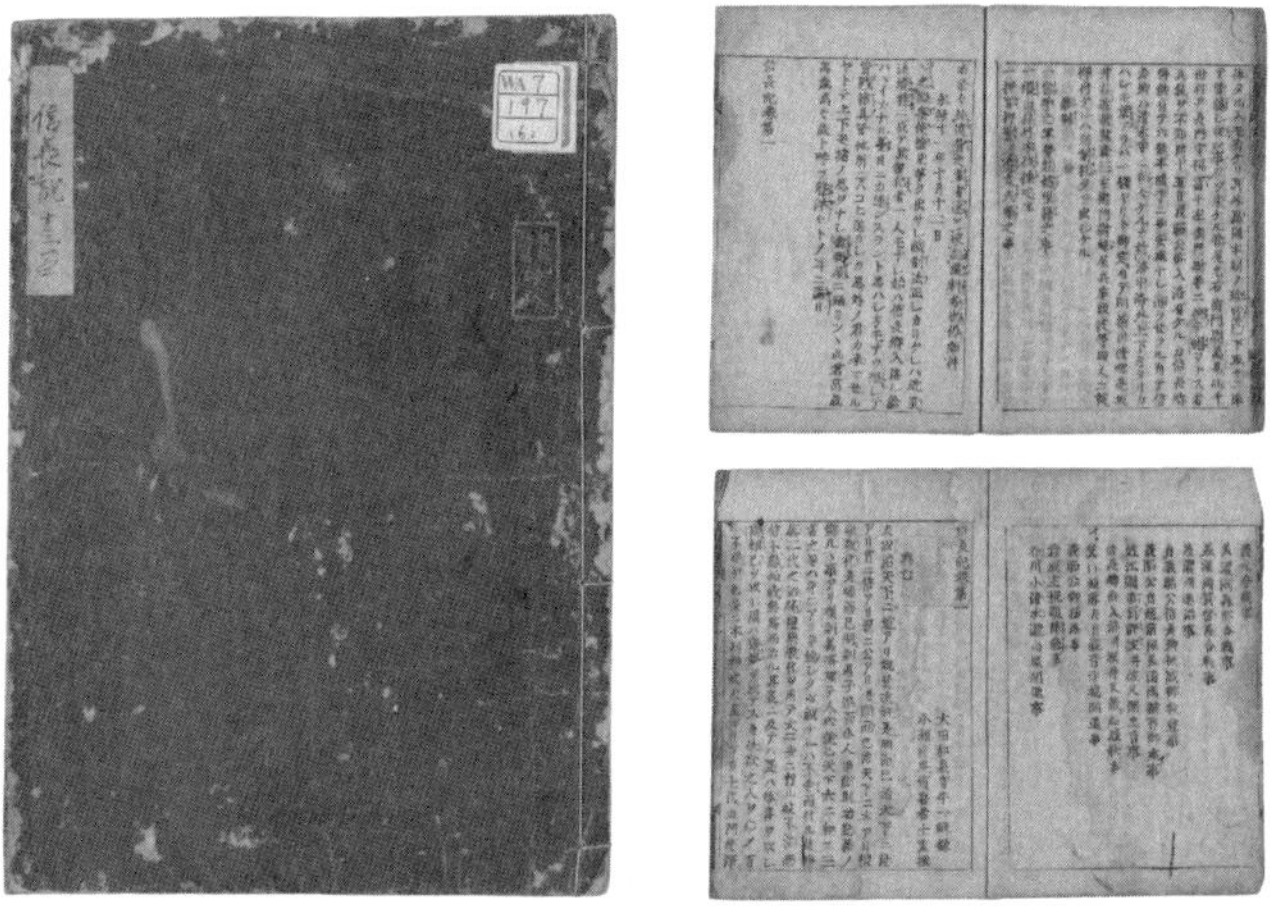

三大史料❸　甫庵信長記《ほあんしんちょうき》　〈小瀬甫庵著〉

正式には『信長記』というが、『信長公記』と区別するために甫庵信長記と呼ばれることが多い。読みやすいが、創作が多く含まれているため、近年では軍記小説や文学作品として扱われている。小瀬甫庵は秀吉の一代記『太閤記』も出版し、これも人気を博し、後世に読み継がれた。

国立国会図書館蔵

明治時代まで目に触れる機会がなかったのである。よって『甫庵信長記』こそが「信長の一代記」として認知され、広く読み語られていったのである。

『甫庵信長記』が人気を博したのはその「わかりやすさ」と「面白さ」である。太田牛一が生涯現役の武士・政治家であったのに対し、甫庵は学者であったため、当事者ならではの「しがらみ」に捕らわれず、自由な発想で『信長公記』にアレンジを加えることができたのだ。

だが、問題点もある。『甫庵信長記』には創作が多いのだ。その結果、『信長公記』はもちろん、同時代の史料に見られない数多くの記述が「史実」として広まることになったという弊害もある。例えば「桶狭間の戦い」では信長軍が迂回作戦を用いたり、「長篠の戦い」では鉄砲の三段撃ちを苦もなく使ったり、秀吉が墨俣《すのまた》に一夜城を築くなどである。これらは、しばしば現在でも「史実」として語られることも多く、『甫庵信長記』の影響の根強さがわかる。

現在では太田牛一の『信長公記』が一般にも広く読まれることになったことで、改めてその価値が見直され、一級史料として扱われるようになり、『甫庵信長記』は軍記小説・文学作品として扱われる傾向にある。

この三大史料を比較してみることで、信長をはじめ同時代の真実により迫ることができるだろう。

「織田信長を読み解く三大史料」が気軽に読める3冊

完訳フロイス日本史
信長とフロイス
織田信長篇Ⅱ

1143円＋税　中公文庫

宣教師ルイス・フロイスが戦国日本の政治と文化と生活を活写した『日本史』の完訳本。全12冊あるなかで、信長については2巻と3巻に詳しく記されている。

現代語訳 信長公記

952円＋税　新人物文庫

信長の姿を真近で実見していた側近・太田牛一による記録『信長公記』原文を時系列に並べ替え、人名を実名で表記し、平易に読めるよう工夫して一冊にまとめられている。

信長記

上3000円+税　下2000円+税

現代思潮新社

小瀬甫庵による伝統的な戦記文学。寛永元年板本を底本とし元和古活字本を比校し、頭注を加え、「清須合戦記」など収めて信長の生涯を更に明らかにする。

織田信長とルイス・フロイスの生涯

年号	織田信長	ルイス・フロイス	世の中の流れ
享禄5年 天文元年（１５３２）		1歳 ポルトガル・リスボンにて生まれる。	山科本願寺の戦い
天文3年（１５３４）	1歳 尾張国（現・愛知県）にて織田信秀の次男として生まれる。幼名・三郎。		イグナチオ・デ・ロヨラがイエズス会（耶蘇会）創設。
天文4年（１５３５）	2歳 那古野城（後の名古屋城）を与えられたといわれる。		室町幕府が徳政令の一部を廃止。
天文10年（１５４１）		10歳 ポルトガルの宮廷に仕える。	カルバンがジュネーヴで宗教改革。
天文15年（１５４６）	13歳 元服。織田信長と名乗る。		足利義輝が13代室町幕府将軍に就任。

天文17年（1548）			17歳	2月、イエズス会に入会。インドのゴアへ赴き、養成を受ける。	小豆坂の戦い
天文18年（1549）	16歳	美濃国の斎藤道三の娘・濃姫と結婚。			
天文20年（1551）	18歳	父、信秀の死により、家督を相続。			フランシスコ・ザビエルが日本を離れインドへ戻る。
天文23年（1554）	21歳	村木砦の戦い。今川方に鉄砲で勝利。	23歳	ザビエルの後継者メステレとマラッカへ赴く。のち、ゴアに戻る。	厳島の戦い開始。
弘治2年（1556）	23歳	義父の斎藤道三が自害。稲生の戦で柴田勝家らに勝利。			尚元が琉球国王に即位。
永禄2年（1559）	26歳	上洛し足利義輝に拝謁。岩倉城を包囲して城主の織田信賢を攻め追放。尾張国を統一。	28歳	ゴアのパウロ学院の学院長及び管区長の秘書として、ゴアの最初の宗教裁判を報告。	大友宗麟が豊後国府内を開港、外国商人の交易を許可。

年号	織田信長	ルイス・フロイス	世の中の流れ
永禄3年（1560）	27歳 桶狭間の戦いで10倍もの大軍だった駿河国及び遠江国の今川義元を討ちとる。		三好長慶が河内を平定。
永禄4年（1561）		30歳 司祭に位階が上がる。次の年にマカオ、日本へと出航する。	上杉謙信が北条氏康の居城である小田原城を攻撃。
永禄6年（1563）	30歳 美濃国攻略の拠点として、小牧山城を築き移転する。	32歳 日本の横瀬浦（現・長崎県西海市）に上陸。	元管領・細川晴元が死去。
永禄7年（1564）	31歳 十三代室町将軍・足利義輝から御内書をもらう。	33歳 フェルナンデスと共に平戸（現・長崎県平戸市）へ移り住む。	武田信玄と上杉謙信が川中島で最後の対陣。
永禄8年（1565）	32歳 滝川一益に命じ、伊勢国北部の攻略にとりかかる。	34歳 京都へ移動。将軍・足利義輝に謁見。摂津国（現・大阪）の堺に避難。	将軍・足利義輝が永禄の変で殺害される。
永禄9年（1566）	33歳 美濃国攻略の拠点として、墨俣城を築く。		毛利元就が尼子家の居城・月山富田城を攻め落とす。

永禄10年（1567）	34歳	近江国の浅井長政と同盟。美濃国の斎藤龍興を滅ぼし、美濃国を攻略する。			東大寺大仏殿が焼失。
永禄11年（1568）	35歳	明智光秀の仲介で、足利義昭を奉じて上洛する。足利義昭を十五代室町将軍につける。			オランダ独立戦争開始。
永禄12年（1569）	36歳	本國寺の変。二条御所を築き、将軍足利義昭の御所にする。伊勢国と和睦。	38歳	織田信長と京都の二条城の建築現場で対面。	長崎初の教会『トードス・オス・サントス教会』が完成。
元亀元年（1570）	37歳	姉川の戦いで越前国の朝倉義景と近江国の浅井長政に勝利。	39歳	健康を崩し、オルガンチーノ・ニエッキ・ソルヂを協力者に得る。	姉川の戦い勃発。
元亀2年（1571）	38歳	比叡山焼き討ちを行う。			スペイン人がフィリピン群島を占領し、マニラをつくる。
元亀4年 天正元年（1573）	40歳	将軍足利義昭を河内国に追放。越前国、近江国を平定する。			室町幕府滅亡。

年号	織田信長		ルイス・フロイス		世の中の流れ
天正3年(1575)	42歳	長篠の戦いで甲斐国の武田勝頼に勝利。嫡男織田信忠に家督を譲る。			長宗我部元親が土佐を平定する。
天正4年(1576)	43歳	近江国で安土城の築城を開始する。天王寺砦の戦で、本願寺勢に勝利する。安土城築城開始。			宇佐神宮が焼失。
天正5年(1577)	44歳	羽柴(豊臣)秀吉を中国方面攻略の総大将に命ずる。	46歳	豊後(現・大分)に立ち寄る。この時、大友宗麟をキリシタンに改宗させる。	ドレーク世界周航開始。
天正8年(1580)	47歳	石山合戦の終結。	47歳	アレッサンドロ・ヴァリニャーノが来日。通訳として安土城の信長に謁見。	イギリスの商船が肥前国平戸(現・長崎県平戸市)来航。
天正10年(1582)	49歳	6月2日、京都本能寺で明智光秀の謀反にあい自害。享年49歳。			天正遣欧使節がローマに出発。
天正11年(1583)			52歳	宣教の第一線を離れる。『日本史』執筆開始。	ガリレオ・ガリレイが振り子の法則を発見。

天正15年（1587）		56歳	秀吉によりバテレン追放令発動。	豊臣秀吉が九州地方を平定。
天正18年（1590）		59歳	ヴァリニャーノが再来日。通訳として秀吉に謁見。	活版印刷機が渡来。
文禄元年（1592）		61歳	一時マカオに渡る。	豊臣秀吉が朱印状で海外貿易を許可。
文禄4年（1595）		64歳	長崎に戻る。	『羅葡日対訳辞書』刊行。
慶長2年（1597）		66歳	7月8日、長崎にて死去。享年66歳。	慶長の役勃発。

※信長・フロイスの年齢は、数え年にて表記してあります。

磯田道史氏に聞く
フロイスが描いた戦国時代と織田信長

西洋人の世界観と互角にわたりあった信長

――磯田先生が、初めてルイス・フロイスの『日本史』に触れたのは、いつ頃でしょうか？

磯田　高校2年の時だったと思います。びっくりしたのは、フロイスの描写の細かさですね。例えば、フロイスが織田信長と初めて言葉を交わす二条城の建築現場の場面。信長が婦人の顔を見ようとした兵士の首を刎《は》ねる場面があるんですが「虎の皮を腰に巻き、粗末な衣服を着ていた」「信長は、たまたまそれを見た」といった具合です。これが日本の史料の場合、例えば石川五右衛門が処刑される場面なんか「釜にて煎らる」で終わりですからね。日本の史料は細部の描写を省略することが多くて、五右衛門の服装がどうだったのか、人がそれを見てどう思ったかまでは書かないんです。

――確かに、『日本史』の情報量は格段に多いですね。

磯田　フロイスの場合、性格的に冗長に書き過ぎるという欠点もあったようですけどね（笑）。我々東洋人とかなり違いがあるのだと気付きました。特に、フロイスのようなイエズス会士の報告は秘密裏にローマ教皇庁へ転送される類の情報ではなくて、多くは印刷されてヨーロッパ中の人たちが見る。信長に関する様々な報告もヨーロッパの大都市では読まれたはずです。

――フロイスと信長の会見で印象に残っている描写はありますか？

磯田　フロイスの描写から、信長は当時の西洋人の世界観と互角に対峙できる優れた知性を持っていたことがわかります。両者の好奇心がぶつかり合う様子は、読んでいてワクワクする場面ですね。信長は安土城の天守の真ん中に多宝塔を置きました。あれは宇宙の中心をイメージしたといわれていますが、つまり宇宙に強い関心があったわけです。そんな信長ですから、地球儀を見て地球が球体であること、他の天体と同じ存在に過ぎないことを認識したと『日本史』に書かれているのも自然な形で納得できます。信長を媒介に、日本人が世界に触れていく過程を描いた貴重な史料でもあるんです。

――磯田先生は『日本史』を通じて見た場合、信長という人間をどのように捉えますか？

磯田　信長といえば、狂気を秘めた怖い人というイメージを持つ方が多いと思います。ただ、信長は決して最初から恐ろしい人だったわけではなかったんです。本能寺で亡くなる3年前、天正7年（1579）ぐらいから、信長の残虐性が増していって、徐々に京都の人間に残虐な王として認識され、脅威を抱かれていく様子が読み取れます。これが今日、多くの人が信長に抱くイメージですが、『日本史』の最初の方を読んでみると、かなりイメージが変わるのも面白いですね。

例えば、岐阜城で信長がフロイスのために膳を運んでくる場面があります。『日本史』にも書かれていますが、信長は声が大きい、動きが早い、自分で何でもする人です。これは今でいうベンチャー企業の社長が自分でコピーを取り、珈琲を淹れるのと似ていますね。古今東西の偉人で、何かを成し遂げた人に多いタイプです。ただ、こういう人は自分で何でもやるし、せっかちだし、人に任せられないから、循環器系の病気で倒れる可能性も高い。信長は本能寺で死ななくても、あまり長生きはできなかったかも知れませんね。

フロイスを支えていた高潔な騎士道精神

――ルイス・フロイスはどんな人物だったと思われますか？

磯田　好奇心が強いだけでなく、高潔な人だったと思います。好き嫌いの激しい信長がフロイスを気に入ったのは、その高潔さではないでしょうか。ただ、当時のイエズス会士と現代の牧師さんでは、かなり違うイメージがありますね。当時、海を越えて布教に来るような人たちは命がけで、死をも辞さず異教徒の土地に入ってくるわけです。かなりの肉体派です。元々は貴族階級の出身、つまり騎士道精神を持つ人たちでした。そんな彼らですから、日本の武士の気風にシンパシーを感じたことは間違いないでしょうね。

フロイスが一番好きだったのは和田惟政《これまさ》という武将です。近江の甲賀という山奥で生まれた生真面目な男なんですが、その和田がワインを飲んだり、西洋の帽子をかぶっていたりしていた図を想像するとおかしいですね(笑)。明智光秀は娘のガラシャがキリシタンになっているし、フロイスの味方のはずなのに相当悪く書いています。そう考えると、フロイスはかなり公平な書き方をしているんじゃないでしょうか。

――磯田先生は『日本史』から読みとれる戦国時代をどのように捉えていますか？

磯田　日本の歴史上、欧米人から評価されがちなのは江戸時代以降なんです。特に短期間で近代化に成功した明治時代ですね。でも、私は南北朝から戦国までのあの時代が、日本を先進国に推し進めたと思うんです。

信長や秀吉の城の規模、何万という常備軍を置いたこと、何十万という鉄砲の保有数にしても世界一でした。同時代に西洋人がそれをできたかというと、できていません。マキャヴェッリも傭兵軍ではなく常備軍の編制を目指して失敗しています。信長・秀吉・家康が戦国を終わらせるまでの過程で、ひとりあたりのＧＤＰは中国を抜き、日本は豊かになった。これは歴史学の世界で、もっと研究されてもいいはずです。フロイスの『日本史』にはそのヒントがたくさん詰まっていると思いますね。

いそだ・みちふみ
1970年（昭和45）、岡山市生まれ。歴史家。慶應義塾大学大学院文学研究科博士課程修了。国際日本文化研究センター准教授。『武士の家計簿』（新潮ドキュメント賞受賞）、『天災から日本史を読みなおす』（日本エッセイスト・クラブ賞受賞）、など著書多数。

第一章　フロイス日本上陸から畿内での布教開始まで

ルイス・フロイス誕生
宣教師への道

小間使いの少年が宣教師を志すまで

遠い西ヨーロッパから極東の島国へやってきたルイス・フロイス。いったい、何が彼を突き動かし、遠い船旅に出るようになったのか？　まずは、その生い立ちや母国での修行時代から辿っていきたい。

１５３２年、ポルトガルに生まれたポリカルポ・フロイス（のちのルイス・フロイス）は、10歳の頃に王国の首府リスボンの王室秘書庁に書記見習いとして勤務に出た。

「秘書庁での生活は多忙だった。毎朝のミサの後は4階の屋根裏から1階までを隅々まで拭き清めなければならなかった。ポルトガル国王ジョアン3世が秘書庁を訪れたときは、ちょうど大きな鼠《ねずみ》が出て騒動になり、叱られてドブ掃除までさせられる羽目になった。午前中は使い走り、午後は羽ペンの先を削り、インキの調合や習字、ラテン語の勉強、夜はロウソクの節約のため、早くベッドに入らなければならなかった」

（井上ひさし『わが友フロイス』より）。

少年フロイスは、1542年に国王の命令でインドへ布教に出たフランシスコ・ザビエルに、次第に憧れを抱くようになった。

ザビエルはインドに赴いて1カ月で1万人以上の者に洗礼を施した。1年に換算すれば10万人以上の者に洗礼を授けたことになる。

「十字を切り過ぎて私の右腕は熱を持ち、上にあがらない。だが、右腕が壊れたら左腕で十字を切るまで」などと書かれたザビエルの報告書は、ポルトガル王を大いに喜ばせ、その内容は国民に広く知らされた。

「僕は第二のザビエルになる」

フロイス少年はそう決意した。しかし、宣教師になるということは、聖職者になること

ルイス・フロイス銅像

長崎県西海市の横瀬浦公園に建つルイス・フロイスの銅像。かつて大村領主・大村純忠がキリシタンたちに貿易港として提供した、この小さな港にフロイスは上陸を果たした。

写真提供◎長崎県観光連盟

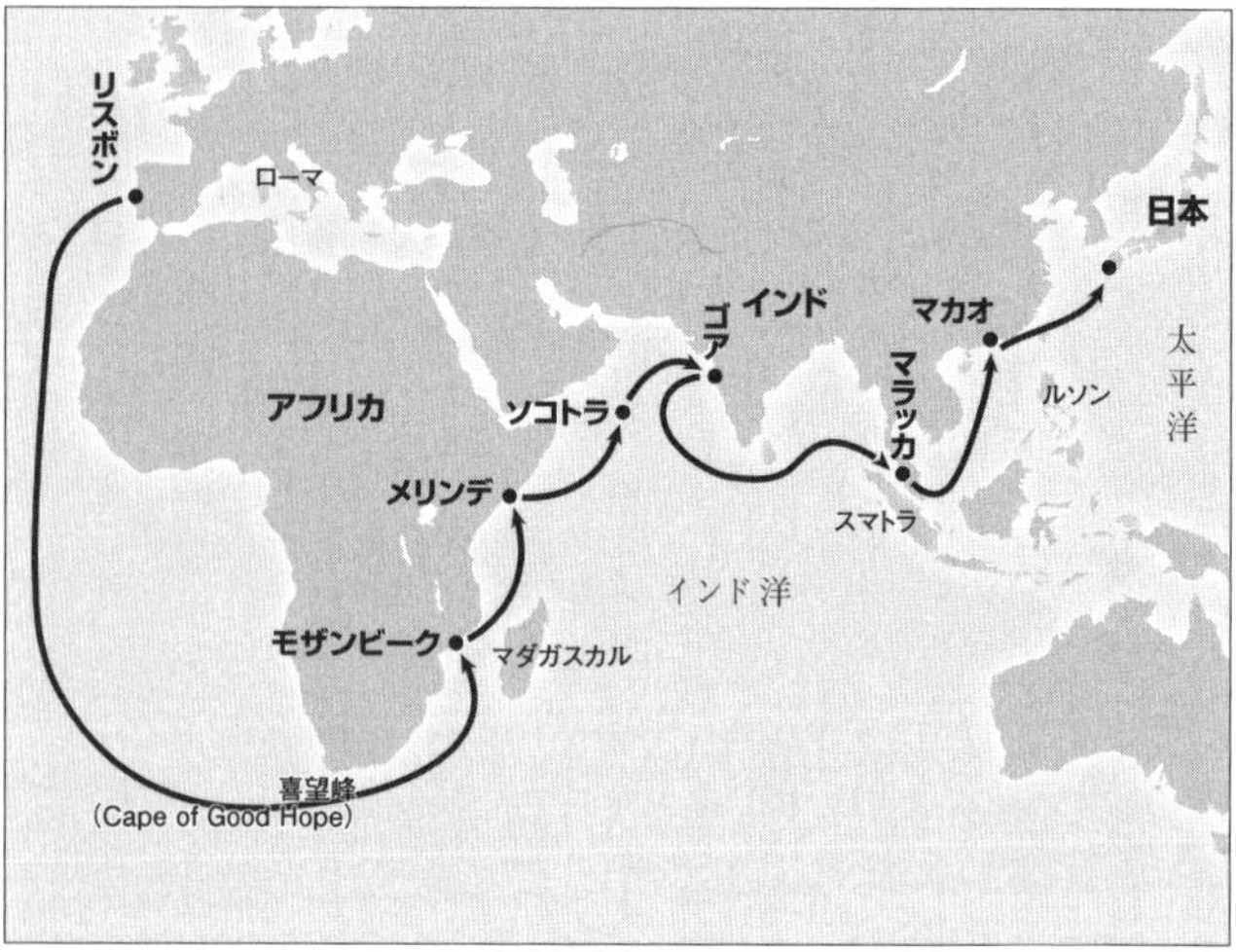

ザビエルやフロイスが辿った大まかな日本への航路

当時は15世紀から始まった大航海時代であった。アフリカ南岸の喜望峰を経由してインド・アジア方面へと向かう航路は、1498年にヴァスコ・ダ・ガマがインドへ行き、香辛料を持ち帰ったルートとして知られる。

を意味する。結婚も許されず、フロイス家は跡取りを失うことになる。リスボンの隣町、コインブラの大学図書館に勤務するフロイスの父は聖職者になるという息子の思いを手紙で読み、ショックを受けたという。

そんな親の心も知らず、フロイスは17歳になると修道士の試験を受けイエズス会に入る。これを機に秘書庁から「ルイス」の名を与えられ、ポリカルポ改め、「ルイス・フロイス」と名乗るのである。

入会から2カ月後の1548年3月、フロイスは両親に決別の手紙を書き送り、ポルトガル艦隊の乗員のひとりとしてインドのゴアを目指す。宣教師となるからには、もはやヨーロッパには生きて帰らぬ覚悟だった。

ザビエルの後を追い聖職者としてインドへ

そして10月、ゴアに到着し、宣教師として養成を受ける。当時、「黄金のゴア」と呼ばれたこの都市はアジアの首都ともいうほどの賑わいだった。ザビエルの活動が実を結び、教会も多く建ち、イエズス会のアジアでの活動拠点となっていた。

フロイスにとって幸運だったのは、ここで憧れの人物、ザビエルに出会えたことだ。ザビエルはその翌年に日本へ渡ろうとしており、ギリギリのタイミングだった。日本人イエズス会士・ヤジロウも案内人としてザビエルのそばにおり、フロイスはふたりと親しく交流する。翌年、ザビエルらを見送ったフロイスはゴアで司祭としての修練を積み始めた。ひと区切りついた1554年、先輩修道士と共に日本を目指したが、その時はマラッカまでしか行けず、ゴアへ戻った。

横瀬浦《よこせうら》

長崎県西海市の横瀬浦公園。開港から１年で戦乱に巻き込まれて焼かれたため、宣教師たちは拠点を移さざるを得なくなる。上陸時、フロイスにとっては輝ける港に見えただろう。
写真提供◎長崎県観光連盟

1559年には、ゴアの修道院の学院長の秘書などを務め、「あらゆる文筆の仕事に優秀、判断力に優れ、天性の語学力あり、良き教師たらん」と評価されている。一方で「饒舌《じょうぜつ》」との評も残る。来日後の旺盛な執筆活動の源をここに見いだせる。

フロイスが見た初めての戦国日本

日本の暦で永禄6年（1563）夏、肥前（長崎）横《よこ》瀬浦《せうら》に大型のポルトガル船が錨を下ろした。司祭となったフロイスは32歳にして、念願の日本上陸を果たしたのだ。

憧れの人であったザビエルは、すでに日本を去り、1552年に中国の上川島《シャンチュアンダオ》で亡くなっていた。その活動を引き継いでいたのは、わずか2名の司祭と数名の修道士だけになっていた。その司祭のひとり、コスメ・デ・トーレスはザビエルと共に来日した同志であり、ザビエルの遺志を継いで布教活動に勤しんでいた。このベテラン司祭は、若いフロイスを涙しながら迎える。

ザビエルやトーレスたち先発隊が日本での布教活動を開始してから14年が経っていたが、当時の日本は戦乱の真っただ中にあり、布教は思うように進んでいなかった。

トーレスらは、それでも九州各地を転々としながら布教に励み、平戸の大名・松浦隆信の庇護を受け、布教の許しを得ることができた。さらに中国地方の山口では大名・大内義隆から布教の許可を得ることも叶う。おかげで、キリストの教えに興味を示し、改宗する日本人も増えてきていた。なかでも了斎《りょうさい》という琵琶法師《びわほうし》は山口の街角でザビエルに洗礼を受けて以来、ロレンソ了斎と名を変えて京都に赴いて布教を行うなど、日本人キリシタンの先駆として積極的に活動していた。トーレスたちにとって日本人キリシタンの存在は頼もしく、大きな力になっていた。

宣教師の活動を阻む大名同士の騒乱

ところが、大内義隆は配下の陶晴賢《すえはるかた》に謀叛されて自害し、その陶も毛利元就《もうりもとなり》によって討たれた。毛利はキリシタンを認めず、迫害したために山口での布教は続けられなくなる。そこで、トーレスたちは九州へ逃れ、再び九州を活動の拠点とする。豊後の大友宗麟《そうりん》や、肥前の大村純忠《すみただ》はポルトガル人との交易で利益を上げるため、トーレス一行を進んで庇護し、領内での布教活動を許した。永禄5年(1562)、大村純忠は横瀬浦を提供し、そこにポルトガル船を入港させる。翌年にフロイスの横瀬浦来航が実現したのも、純忠の好意のおかげであった。

永禄6年(1563)、フロイス来日の年、純忠は家臣と共にトーレスから洗礼を受け、日本初のキリシタン大名となった。純忠は横瀬浦に教会を建て、家臣のひとりを置いて統治させたが、やはりここにも戦乱の波は押し寄せた。純忠のキリスト教優遇に反発した家臣たちが、横瀬浦を襲撃して町を焼き払ったのだ。

来日した矢先、災難に見舞われたフロイスは先輩の修道士ファン・フェルナンデスらと共に度島《たくしま》(平戸の北方4㎞)へ渡り、そこで日本語や日本の風習について学ぶこととなった。フェルナンデスもザビエルと共に来日した宣教師のひとりで、14年間もの在日経験から日本文化に精通していた。また、この度島はトーレスや、その弟子であるルイス・デ・アルメイダの布教活動によって350人もの信徒がおり、フロイスたちは歓迎された。

イエズス会の宣教師による洗礼を受ける日本人たちを描いた横瀬浦公園の壁画。フロイスが横瀬浦に上陸した時、トーレスらの布教により、すでに数百人の日本人教徒がいたという。トーレスはザビエル亡き後も平戸、度島、口ノ津、島原、長崎、大村などで熱心に布教を続けた。

写真提供◎長崎県観光連盟

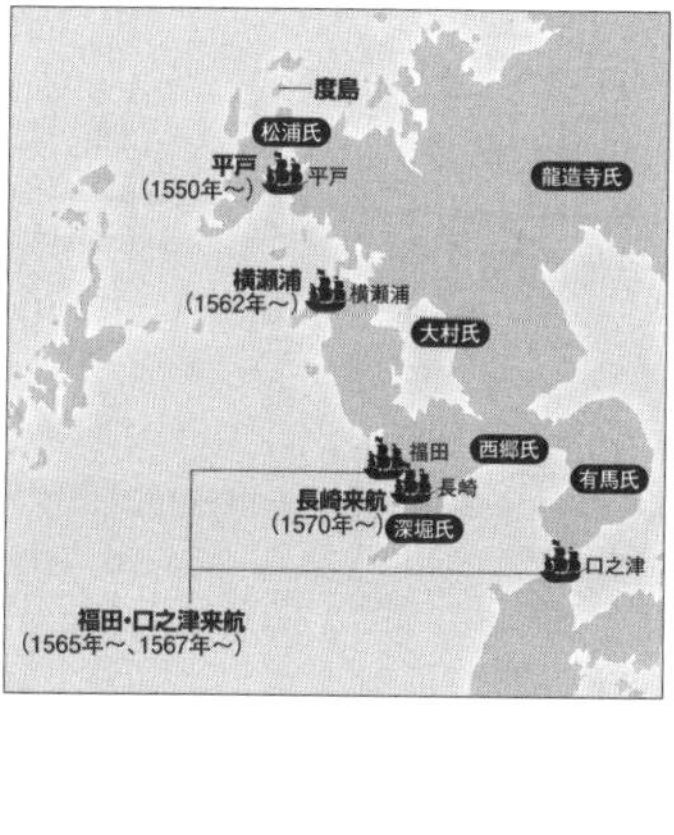

ポルトガル船上陸MAP

1549年に来航したザビエルは鹿児島へ上陸したが、鹿児島での布教が不首尾に終わる。そこで以降は平戸や長崎周辺にポルトガル船が来航した。

フロイスは長旅の疲れから、最初の4カ月ほどマラリアに罹って苦しんだ。しかし、寒さに震えるフロイスに島民の子供たちが自分の衣服を脱いで掛けるなど、人々の温かさに癒されて元気を取り戻した。

10カ月あまり過ごした頃、フロイスは京都に行くアルメイダに同行するため、島を離れることになった。京都で5年前から布教に励むガスパル・ヴィレラの活動を助けるためだ。

「度島は天使の島だ。島を去る時はつらかった。子供たちが我先に波打ち際まで迫ってきて、私の服の裾に接吻しながら泣いた。度島には人々がみな愛においてひとつにまとまっていた、原始教会時代の新鮮な信仰がちゃんと存在しているのである」

フロイスは、かつての学び舎であるゴアのイエズス会修道院に宛てた手紙のなかで、そう述べている。

コラム　当時は長崎よりも発展していた横瀬浦《よこせうら》

今は静かな公園だが、「横瀬浦は日本で最も知られたキリシタンの町になった」とフロイスが報告している通り、彼が上陸した前後は外国船や国内外の商人たちで非常に賑わった。現在は公園になっている丘のふもとには教会（天主堂）が建ち、その対岸にキリスト教徒の集落があった。入り江に石橋が架けられ、相互に行き来できるようになっていた。焼き討ちがなければ、横瀬浦が長崎に代わる港湾都市に発展していたかもしれない。

実際、その長崎には焼き払われた横瀬浦の旧住民が多く移り住み、発展していくことになった。キリシタン大名で肥前国を領していた大村純忠は元亀元年（1570）、横瀬浦に代わる新たなキリスト教の発信地となるよう、宣教師たちに長崎を提供したのである。その後、長崎は日本有数の交易都市となった。

フロイス上洛を果たすも将軍・足利義輝、壮絶に死す

ついに念願かなって都へ入るフロイス

度島《たくしま》で日本の言葉や文化をひと通り学んだルイス・フロイスは、先輩修道士に助力するため、ついに京都を目指すことになった。そこは天皇や将軍といった最高権力者が住む華やかな都だったが、九州以上に過酷な争いが繰り広げられる戦乱の街であった。

永禄7年(1564)の暮れ、ルイス・フロイスは船で平戸を離れ、豊後《ぶんご》、伊予の堀江、塩飽《しわく》、坂越《さこし》と船を乗り継いで堺に到着した。アルメイダ修道士と中国人やインド人も含む数人のキリシタンが同行していた。大雪に見舞われたり、船便を10日も待ったりと、楽な旅ではなかった。

それでも、都での布教活動は宣教師にとって宿願である。一行は希望に胸を膨らませて旅を続けた。そして40日ほどかけた長旅の末、ようやく京都で先輩修道士ガスパ

足利義輝
あしかが よしてる
天文5年(1536)〜永禄8年(1565)
室町(足利)幕府十三代将軍。11歳で父から幕府将軍職を譲られる。当時、都を牛耳っていた三好氏と争い、将軍の権威回復に努めた。
国立歴史民俗博物館蔵

ル・ヴィレラに迎えられたのであった。

ヴィレラは数年前の永禄3年（1560）、苦労の末に室町幕府の十三代将軍・足利義輝に謁見が叶い、当時は日本になかった砂時計を献上した。大友宗麟《そうりん》などの助力もあり、その甲斐あって京都における布教の許可を受けた。ヴィレラは四条の姥《うば》柳《やなぎ》町に住みながら、ロレンソ了斎と共に地道な活動を続けていた。

日本の最高権力者は古来より天皇（フロイスは『内裏《ダイリ》』と記した）であるが、武家政権下では実権を失っていた。よって事実上の最高権力者は室町幕府の将軍であり、その将軍から布教の許しを得たことは宣教師たちにとって大きな力になっていた。

日頃から義輝の家臣たちを招いて歓待し、食事も米飯、鰯、かぶら汁、日本酒など、日本人に合わせる生活を送っていた。改宗はしなくとも、そんなヴィレラたちの努力を好意的に見る日本人は決して少なくなかったようである。

年始の挨拶のため将軍の屋敷に出向く

永禄8年(1565)正月、ヴィレラとフロイス一行は将軍・足利義輝への年賀の挨拶をするため、将軍の御所へ出向いた。

「正月、すなわち第一月を意味する日本人の新年の祭りは、我らの暦(西暦)の二月一日にあたった。この日は祝日の中でもっとも祝われ、奉仕する者は主君を、友人や親族は互いに訪問しあうことが一般的な風習である」(『日本史』より)

二条にあった将軍邸は深い堀に囲まれ、立派な木の橋が架かっていた。その日、すでに3~400人あまりの貴人が各地から集まっていたという。フロイスたちはしばらく控室で待った後、邸内へ入った。

「我々は塗金した屛風で囲まれ、すべて木造の贅沢で華麗な部屋に入った。公方様《クボウ》(足利義輝)は、この時の大勢の来訪に対して、時間の許す限り丁重に応接した。それから別室に続く他の扉が開いた。この一室には奥方が坐していて、喜んで我々を迎えた。それから我々は丁重に挨拶した後に、同じ囲いの中にある公方様の母堂《ボドウ》(母)の邸に赴いた。

途次、贅沢で豪華に飾られた四つ五つの居間を通った。母堂が我々来客たちを迎えた部屋には、多数の貴婦人たちが坐していた。盃が運ばれ、まず彼女がそれで味わった後、そこの貴婦人の一人に我々のところへ持参させ、母堂は手ずから箸《ハシ》―食べるのに用いる棒―で肴《サカナ》を彼らに与えた」(『日本史』より)

義輝の母・慶寿院《けいじゅいん》は宣教師たちが日本の礼式に慣れた様子であるのを見て「驚くべきこと」と言ったという。フロイスは彼女を「身体つきが大きい年老いた婦人で、はなはだ威厳があった」と記した。また、彼女の近くに美しい祭壇があり、そこに小児の形をした阿弥陀像があり、金の後光がさしている頭飾りが付いていたなど、謁見の様子や邸内の様子を子細に書き残している。

こうして将軍との謁見を終えた宣教師たちは、都でそれなりに落ち着いて生活することができた。フロイスが来る前から宣教師の布教活動は、仏教徒たちによる激しい妨害行為が行われており、それは常に続いていたが、目下のところ生命を脅かすほどの危険ではなかった。

ところが、祝賀の挨拶から5カ月が経った5月19日、畿内の情勢を一変させるほどの大事件が起きる。河内の飯盛城主・三好義継《みよしよしつぐ》らが率いる1万2000の兵が、突如として将軍邸を取り囲んだのである。

当時、十三代も続いていた室町幕府すなわち足利将軍家の権威は著しく低下しており、実権を持っていたのはその配下にいた三好義継および松永久秀であった。三好軍は将軍邸での宴および警護に来たことを装い、攻撃を開始した。

武芸に秀でた将軍果敢に闘って果てる

足利義輝は最期を悟ったが、少しも慌てず、家臣たちにそれまでの労いの言葉をかけた。剣豪・塚原卜伝《ぼくでん》から指導を受けるなど武芸に通じ、歴代では珍しく「将軍」の名にふさわしい人物であったといえる。

「公方《クボウ》様は元来、はなはだ勇猛果敢な武士であったので、長刀《ナギナタ》を手にし、まずそれで戦い始めたが、彼は数名を傷つけ、他の者たちを殺害したので、一同はきわめて驚嘆した。彼はいっそう敵に接近しようとして長刀を投げ捨て刀を抜き、勇敢な態度を示した。だが敵は、幾多の弓、矢、銃、槍を携えて来ており、彼ならびにそのわずかの部下たちは、武装に欠け、大小の刀剣を帯びているに過ぎなかったので、敵勢は彼の胸に一槍、頭に一矢、顔面に刀傷二つを加え、彼がこれらの傷を負って地面に倒れると、敵はその上に襲いかかり、おのおの手当り次第に斬りつけ、彼を完全に殺害した」と、フロイスは伝聞による将軍の最期を『日本史』に子細に書いた。

将軍を倒した三好軍は、かねてフロイスたち宣教師の存在を苦々しく感じていたので、朝廷から勅許を出させ、都からの立ち退きを迫った。フロイスらは都にいられなくなり、教会の建物を解体し、その建材を密かに隠して堺へと立ち去る。フロイスたちは、ようやく探し出した一軒のあばら屋に入ったが、そこはおびただしい鼠《ねずみ》の棲家で、雨漏りどころか、雨が降れば下駄をはいて屋内を歩かなければならない始末だった。

永禄11年（1568）、それから3年の時がたったが、畿内での表立った布教活動は再開の目途も立たない。フロイスは九州長崎へ去ったヴィレラに向け、思わずこんな泣きごとを書き綴っている。

困窮したフロイス泣き言を漏らす

「こちらは何ひとつうまく行っておりません。信者は増えず、7人の同志の1年分の生活費は、刀がようやくひと振り買えるかどうか。この3年半、我々の食事は米の飯少々に、大根の葉の水煮か、カブの味噌汁。贅沢がしたいと駄々をこねているわけではないのですが、これでは体力が落ちるばかりです」

足利義輝が殺され、フロイスが堺へ退去したのと同じ頃、ひとりの貴人も都を離れていた。それは義輝の弟で覚慶《かくけい》(のちの足利義昭)という僧侶だった。兄が死んだ時、覚慶も松永の軍勢に捕らわれたが、義輝の側近であった細川藤孝、和田惟政《これまさ》らが彼を密かに脱出させたのである。

覚慶は近江で還俗し「足利義昭」と名乗り、兄の無念を晴らして自分が将軍になることを宣言する。だが、それを知った三好・松永の軍勢が近江にも侵攻したため、北陸・越前(福井)の朝倉義景を頼って落ち延びた。

しかし、朝倉はいつになっても上洛の動きを見せないため、義昭は朝倉を見限って越前を離れる。頼った先は、前年に美濃(岐阜県)を制圧したばかりの織田信長であった。

混迷を極める京都周辺の情勢が変わる兆しがあることを、堺にいたフロイスも風の便りで知るのであった。

コラム　アルメイダが見物した奈良の興福寺

奈良の興福寺には、三好軍に捕らわれた覚慶(のちの足利義昭)が一時軟禁されていた。フロイスの先輩修道士、ルイス・デ・アルメイダは松永久秀を訪ねて奈良を訪問した際、興福寺を見物。「この寺院の柱は実に太く高く、すべて杉材でできています。これほど高く、かつ太い樹木は他にないからです。70本を数えるすべての柱、非常に大きくて広い家全体に絵が描かれ、甚だ眼に快く……」と感想を述べている。

フロイス以前の伝導活動の概略
イエズス会とは何か

イエズス会士が立てる3つの誓いとは？

21世紀現在、日本国内のキリスト教徒は、人口の1％にも満たない260万人程度である。

しかしながら、全世界には20億人以上ものキリスト教徒がいるという。そのなかでもローマに総本山を置くカトリック教会は12億人以上の信徒を数える最大教派（仏教でいう日蓮宗や浄土宗といった宗派のようなもの）だ。カトリックは、イエス・キリストの使徒ペトロを初代ローマ教皇とし、ペトロの後継者が代々のローマ教皇（カトリック教会の最高責任者）とされ約2000年も続く。

イエズス会は、そのカトリック教会のなかの男子修道会のひとつであり、その会員はイエズス会士と呼ばれる。彼らの目的は、キリスト教が浸透していない地域に行ってキリスト教（カトリック）を広めることだ。つまり、教えを広める＝宣教を主な目的として設立された修道会である。未開の地域へ最初に行くのも彼らの仕事である。修道会では、以下の3つを誓う。
清貧、すなわち贅沢をしない
服従、すなわち上位者に従う
貞潔、すなわち生涯未婚を通す
　また、ひとりの若者が司祭として叙階され、人々への奉仕のために働き出すまでにはかなりの年月を要する。修練期（2年）、哲学期（2～3年）、中間期（1～2年）、神学期（4年）を経て、ようやく一人前になるのである。

イエズス会の紋章は太陽と十字架をかたどったものである。IHSの文字は、ラテン語で「人類の救い主イエス」(Iesus Hominum Salvator)の頭文字。

　彼らの「宣教のためなら、自分の命も惜しまない」という強固な意志が、異教徒・異文化社会へと飛び込む原動力となったのである。
　イエズス会の創設者は元騎士のイグナチオ・デ・ロヨラという人物である。彼は1521年、戦場において飛んできた砲弾が足に当たって負傷し、父の城で療養生活を送った。その間、イエス・キリストの生涯の物語や聖人伝を読み始めた。やがて、彼のなかに聖人たちのように自己犠牲的な生き方をしたい、聖地に赴いて非キリスト教徒を改宗させたいという夢を持つにいたった。

その後、パリ大学に入学し、一般教養と神学を学んだ。7年間の間に多くの人々がロヨラの霊的指導を求めて訪れ、そのなかで6人の同志を得た。フランシスコ・ザビエルもそのひとりである。

モンマルトルの誓いがイエズス会の始まり

1534年8月15日、7人はモンマルトルの丘に登り、サン・ドニ記念聖堂で神に自分の生涯をささげる誓いを立てた。これが「モンマルトルの誓い」である。彼らは「今後、7人は同じグループとして活動し、エルサレムでの宣教と病院での奉仕を目標とする。あるいは教皇の望むところならどこでも赴く」というものであった。これがイエズス会の始まりである。

ロヨラたちは修道会としての許可を受けようとローマに向かう。時の教皇パウルス3世は一同の知的レベルと志の高さを認め、司祭叙階と聖地巡礼の許可を与えた。以後、彼らは「教皇の精鋭部隊」と呼ばれるようになる。

イエズス会はロヨラの夢でもあった、世界宣教をテーマに活動を始める。志を同じ

フランシスコ・ザビエル

1506〜1552
大分市大手町の遊歩公園入り口に立つフランシスコ・ザビエルの銅像。キリスト教の布教の活動の先駆者であるザビエルは大分や鹿児島などに複数の銅像が立っている。
撮影◎上永哲矢

大友宗麟
おおとも そうりん

享禄3年(1530)〜天正15年(1587)
天文20年(1551)に豊後へ布教のためにやってきたザビエルを優遇。天正6年(1578)、フランシスコ・カブラルから洗礼を受け、正式にキリスト教徒となった。
撮影◎上永哲矢

くしていた、ポルトガル王ジョアン3世は、ロヨラにポルトガル植民地内の異教徒へキリスト教を布教する宣教師を派遣してほしいと依頼する。そしてロヨラが推薦したのが、フランシスコ・ザビエルとシモン・ロドリゲスであった。こうして、ザビエルはアジアへ赴くことになる。

ザビエルはシモン・ロドリゲスと共にポルトガル経由でインドに発つ予定であったが、ロドリゲスがリスボンで引き止められたため残り、彼は他の3名のイエズス会員と共に1541年4月7日にリスボンを出発した。35歳の誕生日であった。インドのゴアへ着いたのは1542年5月6日。そこを拠点にインド各地やマラッカ、モルッカ諸島に赴き宣教活動を続け、多くの人々をキリスト教に導き成果を収めた。

ザビエルと出会った日本人ヤジロウ

そして、マラッカで1547年12月に出会ったのが鹿児島出身のヤジロウ(アンジロー)という日本人である。ヤジロウは元海賊であり、若い頃に人を殺し、九州の薩摩や大隅《おおすみ》に来航していたポルトガル船に乗ってマラッカに逃れた。その罪を告白するために彼はザビエルを訪ねたというザビエルはヤジロウと共にゴアに戻り、彼に日本人として初めて洗礼を授けた。やがて、ザビエルはヤジロウの祖国・日本に興味を持ち、日本での布教を模索し始める。ヤジロウもそれに賛同し、案内役と通訳を買って出たため、ザビエルは日本での布教を決意。

1549年4月15日、イエズス会士コスメ・デ・トーレス神父、ファン・フェルナンデス修道士、中国人マヌエル、インド人アマドール、ヤジロウら3人の日本人と共にジャンク船でゴアを出発、日本を目指した。そして8月15日、ザビエル一行は鹿児島に上陸し、日本におけるキリスト教布教の第一歩を記したのである。

2年間の活動で布教の先鞭をつける

ザビエルが最初に会ったのは薩摩・鹿児島の守護大名・島津貴久である。貴久は宣教師を置けばポルトガルとの交易にも役立つと考えたのだろう、領内での布教を許す。ザビエルは喜んで活動を開始し、後に日本人初のヨーロッパ留学生となる鹿児島のベルナルド(日本人としての名は不明)らに出会った。しかし、貴久が仏僧の助言を聞き入れ禁教に傾いたため、薩摩を立ち去った。

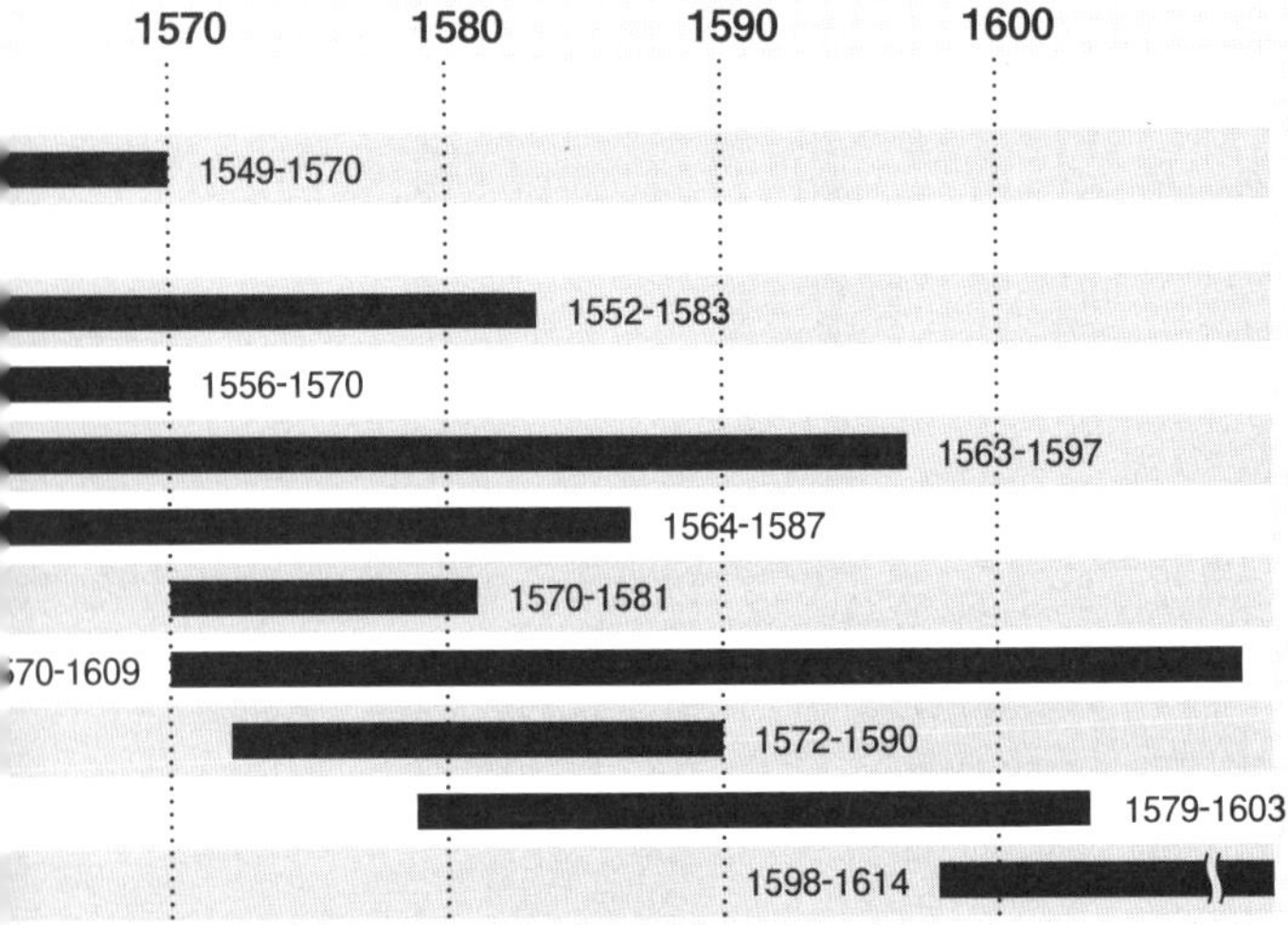

ザビエルは平戸や山口でも布教を行ったが、成果を得られないため、全国での宣教の許可を日本国王から得ようとする。国王とは、すなわち京都にいる後奈良《ごなら》天皇と、将軍・足利義輝のことだ。しかしザビエル一行は献上の品を何も持っておらず、またみすぼらしい格好をしていたために京都へ赴くも面会はできなかった。

ザビエルはゴアから持ってきていた舶来品を平戸に置いていたため、それを取りに戻り、再度布教に挑もうとまず山口へ入った。そして大名の大内義隆に謁見できる

来日した主な宣教師および、日本での主な活動期間

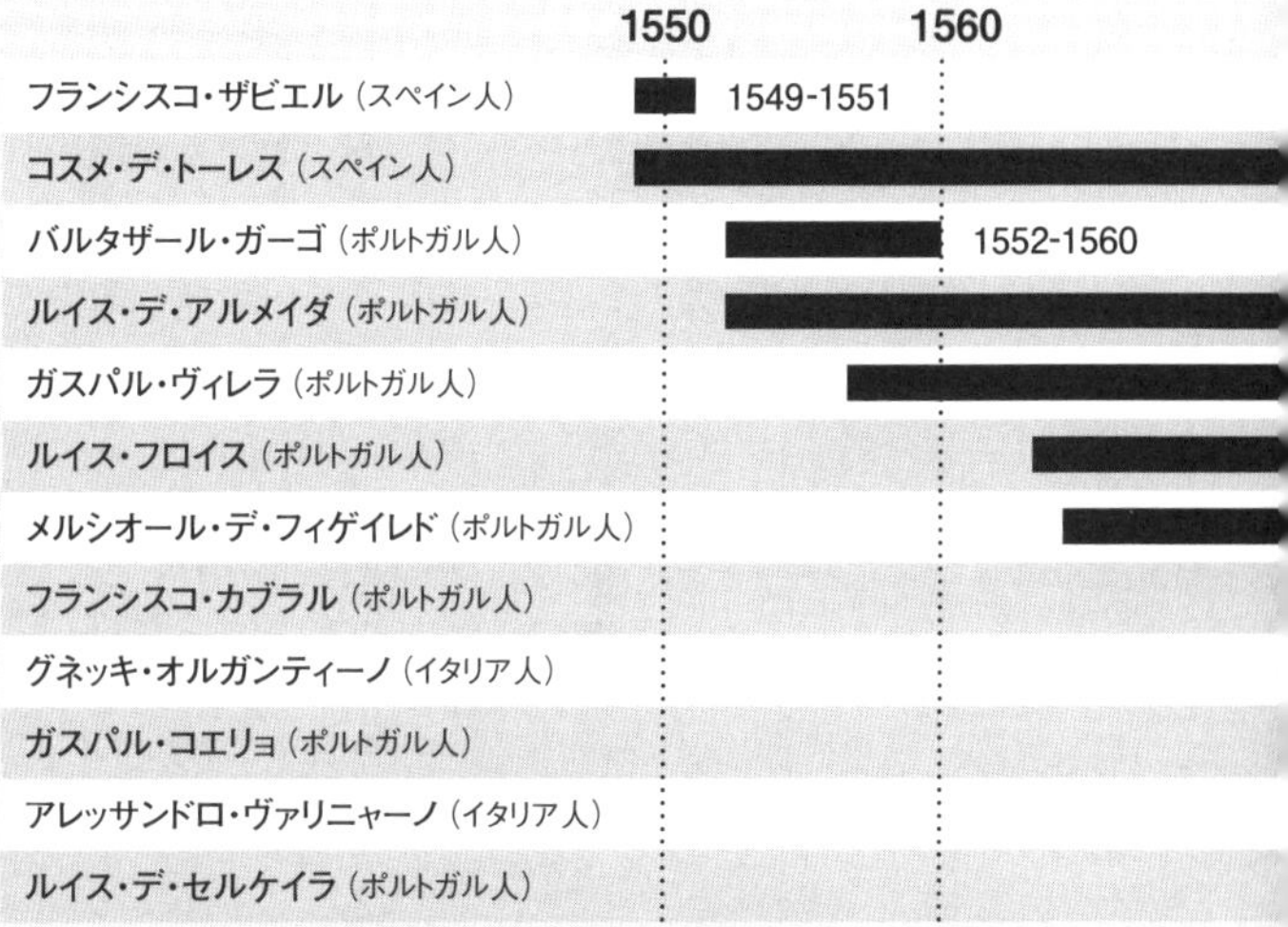

宣教師の影響を受けて改宗した主なキリシタン大名

▶以下は改宗年と洗礼名

大村純忠（おおむらすみただ）…	肥前国山上城主	▶ **1563年 バルトロメオ**
高山右近（たかやまうこん）……	攝津国高槻城城主	▶ **1564年 ジュスト**
大友宗麟（おおともそうりん）……	豊後国の大名	▶ **1578年 ドン・フランシスコ**
有馬晴信（ありまはるのぶ）……	肥前国日野江藩主	▶ **1580年 プロタジオ**
小西行長（こにしゆきなが）……	肥後国宇土城主	▶ **1584年 アウグスティヌス**
黒田官兵衛（くろだかんべえ）…	豊前国中津城主	▶ **1585年 シメオン**
蒲生氏郷（がもううじさと）………	陸奥黒川城主	▶ **1585年 レオン**
織田秀信（おだひでのぶ）………	美濃国岐阜城主	▶ **1595年 ペトロ**
津軽信牧（つがるのぶひら）……	陸奥国弘前藩主	▶ **1596年 不明**

ことになったが、先の失敗を教訓に、一行は美服を着て多数の舶来品を手に会見に臨む。望遠鏡、洋琴、置時計、ギヤマンの水差し、鏡、眼鏡、書籍、絵画、小銃などの珍しい品々に満足した大内義隆は布教を認め、さらに当時すでに廃寺となっていた大道寺をザビエル一行の住居兼教会として与えた。

これが日本初の常設の教会堂の設置である。ザビエルはこの大道寺で布教活動を行い、2カ月で500名の信徒を集めている。

約60年にわたる日本布教史の幕開け

ザビエルは日本人が中国の影響を強く受けやすいと感じ、まず中国に布教を根付かせようと、2年ほどで日本を離れたが、それ以降、多くのイエズス会士が日本を訪れることになった。もちろんルイス・フロイスもそのひとりである。

そしてイエズス会による布教活動は、徳川家康が開いた江戸幕府が正式に禁教令を出す慶長17年(1612)まで続くのである。

日本での活動は一時頓挫したが、明治時代に再びイエズス会は日本にやってきた。

そして、現在では日本も含む112カ国、会員数2万人を数え、2番目に大きいカトリックの男子修道会として活動を行っている。

使命に燃えたザビエルのその後であるが、彼は自分に代わってバルタザル・ガーゴ神父を日本へ派遣し、自らは中国を目指して1551年9月、上川島《シャンチュアンタオ》（マカオの南西沖にある島）に到着した。しかし、中国上陸が果たせずにいるうち、ザビエルは病を患う。12月3日、志半ばにして上川島でこの世を去った。46歳だった。

納棺の後、海岸に埋葬されたザビエルの遺体は1553年、マラッカを経てゴアへ移送され、ボン・ジェズ教会に安置されている。10年に一度、棺が開かれて遺体の様子が公開され、多くのキリスト教徒がその姿を見に訪れる。

当時、カトリック教会が、このように活発にイエズス会士を派遣した背景には、16世紀になってドイツ（当時の神聖ローマ帝国）でマルティン・ルターが起こした宗教改革の存在があった。これにより、ローマ教皇の権威に陰りが見えていたのだ。

そこでカトリック教会は、世界規模で権威を取り戻すために遠くアジアでの布教を始めた。信者数が増えればプロテスタント勢力（カトリック教会から分離した対立教派）への牽制にもなる。また、アジアの有力者を信者にすれば、カトリック教会への莫大な献金が期待できる。そうした現実的な目標もあったわけだ。

第二章　信長とフロイスの出会い

フロイス再度の上洛
織田信長との初対面を果たす

和田惟政の計らいで晴れて都へ凱旋

尾張・美濃を制圧して、急速な台頭を見せていた織田信長。新たな実力者の登場に足利義昭をはじめ、期待をかける者は多かった。そして、フロイスもまた信長の出現に救われたひとりであった。

「5～6日前、尾張の国王（織田信長）が、都で殺された公方様《クボウサマ》の兄弟（義昭）を将軍職に就かせるため、突然6万の軍勢を率いて都にやってきました。たいへん大きな戦が起こることは避けられないでしょう」

フロイス像

当初、信長の上洛で大規模な戦が起きると危惧していたフロイス。しかし、堺の有力者たちが信長に献金を行い、大きな騒ぎにならなかった。

岐阜市歴史博物館蔵

堺《さかい》にいたルイス・フロイスは、信長の上洛を聞いてイエズス会にそう報告した。フロイスはこの時、初めて信長の存在を意識し、記録した。

永禄11年(1568)4月、フロイスが記したように、信長は義昭を奉じ、大義名分を得る形で上洛を果たす。そして義昭を第十五代将軍に擁立すると、三好義継《みよしよしつぐ》・松永久秀らも観念して信長に臣従し、ひとまず畿内は落ち着きを見せた。

そんな折、摂津《せっつ》の領主である和田惟政《これまさ》がフロイスを訪ねてきた。惟政は足利義昭を保護して自邸に匿《かくま》った功により、信長から高槻城を与えられた。惟政は部下のキリシタン大名・高山友照《ともてる》(洗礼名ダリオ)から、フロイスが仏僧たちの企みで都を追われたと聞き、真偽を確かめにきたのだ。フロイスと会った惟政は、その熱意に心を動かされ、京都へ呼び戻すことを決めた。それはキリシタンである高山友照の頼みでもあり、すでに信長にも内諾を得ていた。かくして、フロイス一行は京都への凱旋を果たしたのである。

永禄11年(1569)3月、フロイスとロレンソ了斎《りょうさい》は和田惟政の案内で、京都にある信長の宿所の妙覚寺へと出向いた。帰還を許してもらった礼を述べに行くためである。だが、信長は部屋の奥で音楽を聴いており、フロイスたちの前には出てこず、遠目に注意深くフロイスたちの様子を観察するにとどまった。

フロイスたちの前には食膳が出され、和田惟政および、信長の重臣である佐久間信盛が接待にあたった。フロイスは信長への贈り物として、非常に大きい西洋の鏡、美しい孔雀《くじゃく》の尾、ベンガル産の藤杖、黒いビロードの帽子を持参したが、信長は帽子だけを受け取り、他3つは返している。常に気に入ったものだけを受け取るのが信長の流儀だったらしい。

「予が伴天連《バテレン》(宣教師)を親しく引見しなかったのは、教えを説くために幾千里もの遠国からはるばる日本に来た異国人をどのようにして迎えてよいか判らなかったからである。予が単独で伴天連と語ったならば、世人は、予自身もキリシタンになることを希望していると考えるかも知れぬと案じたからである」

信長は後日、その理由をフロイスたちに伝えてきたという。言葉こそ交わされなかったが、フロイスは信長に会えたことに満足し、佐久間たちに丁重に礼を述べて館を出た。

信長が、これほどまでにフロイスたちとの面会に慎重な姿勢をとったのは無理からぬところだ。実際、松永久秀は信長に対し、「殿が、街にとって危険な存在であるあの人物（フロイス）を呼ぶよう命じ給うたのには驚き入っています。伴天連が説く、かの呪うべき教えが行きわたるところ、常に、国も街もただちに崩壊し、滅亡するに至ることは、身共が明らかに味わったところです」と警告した。信長はそれに対し、「たかが一人の外国人が、この大国において、いったいいかなる悪をなし得るというのか」などと返し、不快感を示したという。松永久秀が信長に謀反を起こし、討伐されるのは、それから8年後のことである。

南蛮帽《なんばんぼう》

フロイスが持参した物のうち、信長は黒いビロードの帽子だけを受け取った。現存しないが、このような形のものだったのだろう。

高知県立高知城歴史博物館蔵

二条城の建築現場にて初めて言葉を交わした信長とフロイス

信長の動と静が凝縮された会見の場

京都に信長が滞在している絶好の機会に、再度面会の機会が訪れた。その場所は城の建築現場。風変わりなシチュエーションのなか、両者は極めてリラックスした状態で会話に臨んだのであった。

和田惟政《これまさ》は、先の訪問で信長がフロイスと口を利かなかったことを残念に思っていた。だが、ほどなくして今度は信長のほうから「伴天連《バテレン》(宣教師)に会いたい」と言った。

二度目の会見は、二条城であった。現在の二条城とは異なり、信長が足利義昭のために居館として京都に建築中の「二条御所」であり、その工事現場で両者は会ったのだ。「通常2万5千人が働き、少ない時でも1万5千人を数えた」という大掛かりな工事で信長はみずから陣頭に立って工事を指揮していた。

いつでも座れるように虎の皮を腰に巻き、鉋《かんな》を手に持った信長がいるだけで、その場の空気は張り詰めていた。それでも建築を見たいという者がいれば、男だろうが女だろうが、何人も自分の前を横切ることを許すなど、信長は寛容であった。しかし、「ある時に兵のひとりが通りがかりの婦人の顔を見ようと被り物を持ち上げた。それを見た信長は一瞬にして駆け寄り、一刀のもとにその兵の首を刎ねてしまった」（『日本史』より）

永禄12年（1569）4月初め、フロイスとの会見の日、信長は濠の橋の上でフロイスを待っていた。

「私が遠くから深く頭を下げているのを見つけると、近くに来るよう合図した。ともに橋の板に腰を下ろした。日差しが強いので、信長は帽子をかぶるようにいった」（『日本史』より）

信長はフロイスに対し、年齢は幾つか。ポルトガルとインドから日本に来てどれくらいになるか。どれだけの期間、勉強をしたか。親族はポルトガルで再び汝《なんじ》と会いたく思っているか。ヨーロッパやインドから毎年書簡を受け取るかなど、質問攻めにした。日本人キリシタンのロレンソ了斎《りょうさい》が通訳に立ったようである。

当時、信長氏は尾張・美濃・南近江を領有し、北近江の浅井と三河の徳川家康と同盟を結んでいた。この5年後、足利義昭を追放し、北陸、中国地方まで制して天下統一を目前にする。

最後に信長が「当国でデウス(神)の教えが広まらない時にはインドへ帰るのか」と問うと、フロイスは「たとえ信者がひとりしかいなくとも終生日本に留まる決意です」と答えた。2時間あまり続いた会話の間、信長は始終「ゆったりした気分で話した」とフロイスは観察している。

ふたりの様子を大勢の人が遠巻きに見ていた。なかには大勢の僧侶の姿もあったが、信長は彼らを指さし、「あの欺瞞《ぎまん》者どもは、伴天連たちのごとき者ではない。彼らは民衆を欺き己を偽り、虚言を好み、傲慢で僭《せん》越《えつ》のほどははなはだしいものである。予はすでに幾度も彼らをすべて殺害し、殲滅しようと思っていたが、人民に動揺を与えぬため、放任しているのだ」(『日本史』より)と言った。

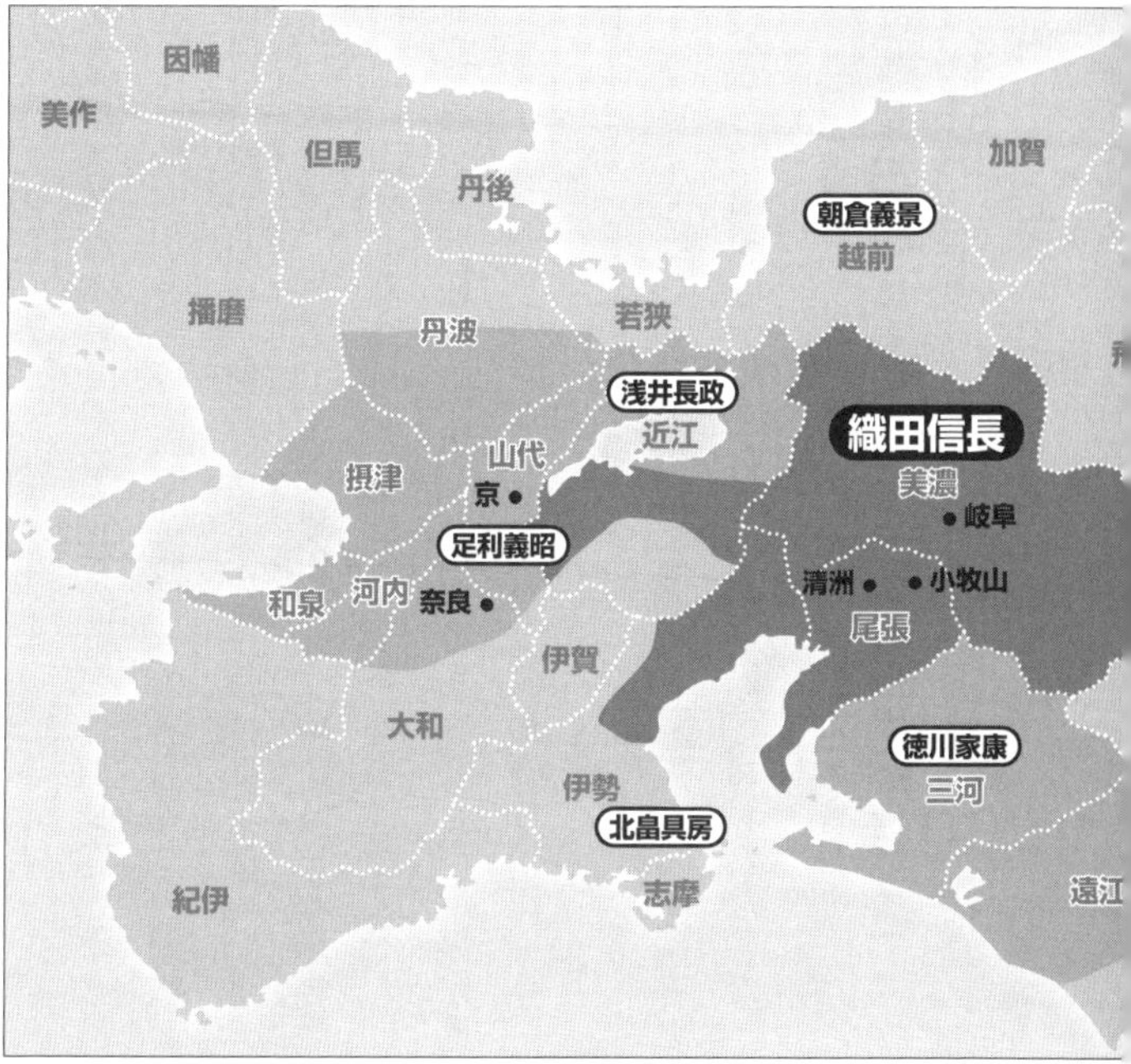

仏教を敵視していたフロイスの記述には、おそらくかなりの誇張もあろう。だが、この時の信長の言葉は嘘偽りのないものだったはずだ。信長は決して仏教を軽んじていたわけではないが、酒色に溺れ、金銭を得ることを喜ぶ汚れきった僧侶が多く、しかも彼らは既得権益を守るために武装し、大名と手を組んで自分に立ち向かってくる。そんな僧侶たちに信長は失望

していたのだろう。

フロイスは本願である布教の許しを信長本人から得るため、書面による許可書を求めた。朱印状といって、印鑑付きの署名入りの書状を記すことは東西とも変わらぬ風習だったからだ。信長は「予に金銀は必要ない」と、フロイスが出した銀の延べ棒を受け取らず、無償で朱印状を作成するよう、和田惟政《これまさ》に命じた。

「都に滞在する許可を与える、司祭の家は宿舎として取られない、町の務めや義務を課さない、信長の領国内の何処であっても、司祭が滞在を望む所では、いかなる妨害も受けない」との内容であった。信長の仲介により、足利義昭からも同内容のものが制札という形で出された。

フロイスはこうして信長と義昭の双方から都滞在と布教の許可を引き出すことに成功した。横瀬浦上陸から7年の苦節が報われたのだ。

『信長公記』にも記された二条御所建設の様子

信長が二条御所を建てていた時の様子は、信長の家臣・太田牛一が書いた『信長公記』にも記されている。それによれば、「これからは、きちんとした将軍御所が必要である」と言い、領内各地の大名・武将らを呼んで大改修に着手した。

工事はフロイスが訪問する2カ月ほど前の2月27日から始まり、京都内外から鍛冶や大工の職人を召集。広く近隣の村々から木材を調達し、四方に石垣を築き、内と外の両側から高く積み上げた。格式を高めるため、各所に金銀を散りばめ、庭には流水の池や築山も造った。さらに、信長は「管領の細川屋敷にあった藤戸石という大石を、お庭に置こう」と言い、自ら細川屋敷に出向いてその大石を綾錦で包み、色々な花で飾り立て、大綱を何本もつけて運ばせた。人足たちを励ますため、笛や太鼓を信長自身が指揮し、たちまちのうちに御所の庭へ引き入れたという。

これは一見、将軍・足利義昭のために懸命な労力をかけているようだが、信長の狙いは「自分が新たな京都の支配者である」と、人々にアピールする狙いもあっただろう。しかし、この『信長公記』の二条御所の記述に、フロイスのことは記されていない。太田牛一がそれを敢えて書かなかったか、後で削除したのかはわからない。

5月、御所が完成した頃合いを見て、信長は条目を発布し、京都にある著名な茶道具や絵画といった名品の数々を召し上げるよう命じた。茶入れ「初花」「富士茄子」、花入れ「蕪なし」「桃底の花入れ」、絵画「平沙落雁図」などである。召し上げ、つまり所有者から取り上げたのである。その代わり、対価として有り余る金銀を施している。5月11日、信長は岐阜城へ帰国した。

極めて詳細に及んだフロイスの信長評

さて、フロイスは信長という新権力者に対し、並々ならぬ関心を抱き、また魅了されたのだろう。『日本史』のなかではもちろん、他の司祭に宛てた手紙のなかでも信長についての詳細な記述を入れている。

「中くらいの背丈で、華奢《きゃしゃ》な体躯であり、髯《ひげ》は少なくはなはだ声は快調で、極度に戦を好み、軍事的修練にいそしみ、名誉心に富み、正義において厳格であった」

「彼の睡眠時間は短く早朝に起床した。貪欲ではなく、戦闘にきわめて老練で、非常に性急であり、激昂はするが、平素はそうでもなかった。彼はわずかしか家臣の忠言には従わず、きわめて畏敬されていた。酒を飲まず、食を節し、人の取り扱いにはきわめて率直で、自らの見解に尊大であった。少しく憂鬱《ゆううつ》な面影を有し、はなはだ大胆不敵で、万事において人々は彼の言葉に服従した」

「対談の際、遷延《せんえん》することや、だらだらした前置きを嫌い、ごく卑賤の家来とも親し

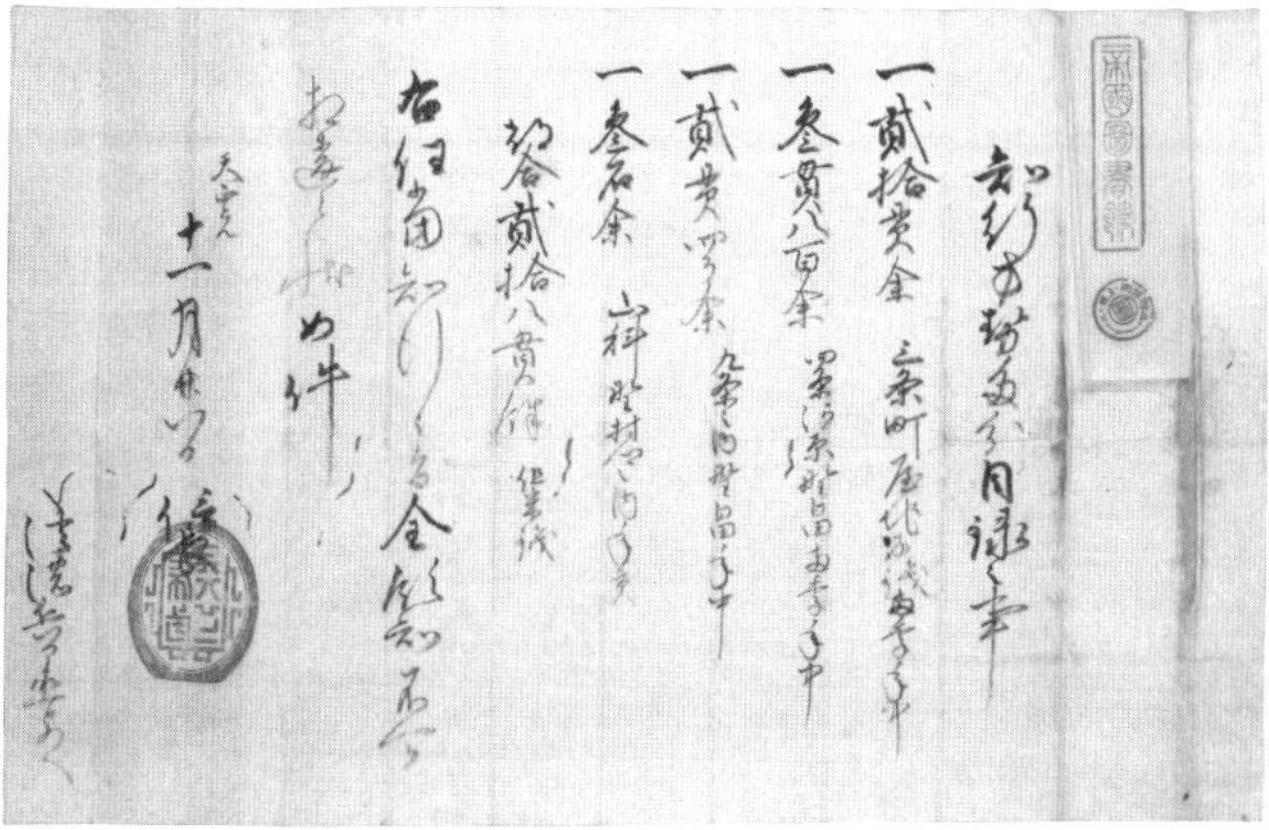

織田信長朱印状《おだのぶながしゅいんじょう》

「天下布武」の朱印が押された織田信長の書状（天正元年11月28日の日付がある）。フロイスに発給した朱印状は現存していない。

国立国会図書館蔵

天下布武の印章《てんかふぶのいんしょう》

信長は美濃を領有し、それを岐阜と改名した頃から「天下布武」という印章を用いた。書状に押したものがいくつも現存する。


く話をした。格別愛好したのは著名な茶の湯の器、良馬、刀剣、鷹狩りであり、目前で身分の高い者も低い者も裸体で相撲をとらせることをはなはだ好んだ」

「異常なほどの畏怖によって家臣から奉仕され、外部の者たちから崇められている。信長が手で立ち去るように合図するだけで、彼らはまるで目の前で世界の破滅を見たかのように我先にと立ち去るからだ。公方様の腹心であり、都で大きな権限を持つ者も皆、信長の前では両手と顔を地につけ、顔を上げる者はいない」などと細かく紹介している。

その後も、信長とフロイスの交流は続いた。和田惟政は、フロイスから小さな目覚まし時計を見せてもらったことがあった。正確に時を告げる機械など、まだ日本にはなかった。次の会見にその時計を持参するよう、惟政はフロイスに言った。

その会見の日、2~3人の来客と信長はくつろいでいた。フロイスが差し出した時計を見るなり、珍物を見る時の喜びの表情に変わった。フロイスは「殿に献上するため持ってきた。どうか納めていただきたい」と言ったが、「喜んで受け取りたいが、受け取っても予の手元では動かし続けることは難しく、駄目になってしまうだろう」とそれをフロイスの手に戻した。信長は感謝の印としてフロイスを自分の部屋まで案内し、そこで自分がまず茶を飲み、同じ茶碗でフロイスにも茶を飲ませた。続いて信長は美濃の干柿《ほしがき》を振舞い、その干柿がたくさん入った四角い箱をフロイスに贈り、持ち帰らせた。

眼に見えるものだけを信じていた信長

またフロイスは信長の宗教観にも触れ、次のように綴っている。

「彼は神および仏の一切の礼拝、尊崇、あらゆる異教的占卜や迷信的慣習を軽蔑した。形だけは法華《ほっけ》宗に属しているような態度を示したが、顕位に就いて後はすべての偶像を見下げ、霊魂の不滅、来世の賞罰などはないと見なした」

「来世など存在せず、目に見えるもの以外は何もないと考えている」

フロイスにとっては驚きであっただろうが、信長は極めて現実主義者であった。桶狭間の戦いの前には熱田神宮へ参拝したし、後に安土城を築いた際も城内に総見寺という寺院を設けている。決して神仏そのものを軽蔑するのではなく、時に縋《すが》り、時に利用する、現在の多くの日本人に近い宗教観の持ち主であった。

フロイスは、いずれは信長自身もキリシタンになることを願っていたはずだが、それが淡い期待であることを察するようになっていく。

仏教僧とキリシタンの舌戦が勃発 日乗対ロレンソ

盲目のキリシタンと日蓮宗の大物の争い

信長に優遇され、畿内で着々と布教活動の足場を固めていたフロイス。ところが、旧来から日本に根付いていた仏教の僧たちが黙っていない。ある日、信長の御前でついに長い論争が行われるに至った。

フロイスの思惑通り、事は順調に進んでいるように見えた。だが、西洋人やキリスト教など新たな存在に敵意を向ける目も多く、実際に様々な妨害行為があった。

日蓮宗の僧、日乗《にちじょう》(生年不詳～1577年)は比叡山で学び、後奈良《ごなら》天皇から日乗上人《しょうにん》の号を賜った仏教の第一人者であった。あらゆる貴人に知られ、信長にも気に入られた。

永禄12年(1569)4月19日に日乗は「宣教師のいるところは騒乱が起きて破滅するので、美濃に戻る前に宣教師を追放するよう」と信長に進言したが、信長は4月8

日に宣教師に滞在と布教を許可していたので「予は貴様の肝がこうも小さいことに驚いた」と一笑に付した。

永禄12年（1569）4月20日、信長が岐阜へ戻る前日、フロイスたちが挨拶のため、信長の宿所である妙覚寺《みょうかくじ》を訪れた。すると、その場にいた日乗と、フロイスおよびロレンソ了斎《りょうさい》の間で論戦が起きたのである。信長が双方の対立の原因を問うたことで始まったとみられる。

日乗「汝《なんじ》のいうデウスなるものは、いかなる色、もしくは形を有するか」
ロレンソ「それは血肉の眼をもって見ることができない」
日乗「天の主が存在するのは明白だが、貴殿はどのように仕えるのか」
ロレンソ「仏教僧たちは金とか銀とか食物を神仏にお供えせよと説くが、デウス様はそのようなものを要求なさらない。定めし掟に気を配り、怠らぬ者には、人により差別することなく至福をお授けなされる」

時に信長も質問を挟み、このような論戦が2時間近くも続いた後、ロレンソは疲れてしまったため、フロイスが代わって日乗の相手をした。

フロイスが永遠不滅の霊魂の存在を説くと、激高した日乗は部屋の片隅に掛けてあった信長の長刀《なぎなた》に向かって突進し、鞘《さや》を外そうとした。信長は立ち上がって日乗を取り押さえ、和田惟政《これまさ》らも加わって拘束した。『日本史』では、フロイスが日乗を貶め、論戦は日乗の一方的敗北のように記しているが、日乗側の言い分は不明である。実際は最後まで議論が噛み合わないまま終わったと見るべきだろう。その証拠に信長は日乗を罰することなく、「仏僧が為すべきことは武器を取ることではない。自身の教法を弁護することではないか」と咎《とが》めるに留まっている。

コラム 織田信長は進んで仏教勢力を排除したのか？

信長はこの2年後（1571年）、天台宗の総本山・比叡山延暦寺の僧兵たちが、敵対していた浅井、朝倉方についていたため比叡山を焼き払った。仏教勢力を憎んでいたわけではなく目前の敵を排除したという意味合いのほうが強かったようだ。一方で『多聞院日記』などに「僧たちは修学を怠り、一山相果てる有様」とも記されているように、信長の行為を支持する声もあった。

『信長公記』は、比叡山の焼き討ちを、「僧・俗・児童・学僧・上人、すべての首を切り（中略）そのほか美女・小童、数も知れぬほど捕らえ、信長の前に引き出した。悪僧はいうまでもなく、哀願する者も決して許さなかった」と伝える。

当時の比叡山は女人禁制のはずだったが、女性（美女）が多くいたという点からも、その堕落ぶりが窺えるようだ。死者は『信長公記』は数千人に達したと記すが、フロイスもまたこの惨状を書簡に記し、死者約1500人としている。

また、天正元年（1573）には百済寺を焼き討ちしている。これは、この寺が信長と敵対関係にある近江の六角氏や一向一揆衆と蜜月の関係にあったからという。聖徳太子が開基とされる歴史ある寺院だったが、この焼き討ちで「ことごとく灰燼に帰した。哀れな有様は目も当てられない有様だった」と『信長公記』は伝える。太田牛一は立場上、それだけ書くのが精いっぱいだったのだろう。

信長の本拠地へ招かれたフロイス 岐阜城での公式会見に臨む

岐阜に信長を訪ね三度目の対面を果たす

信長は京都を立ち去り、拠点の岐阜城へ帰った。すると、都ではフロイスにまたも試練が訪れる。先の論戦で、さらにフロイスらを敵視した日乗《にちじょう》が朝廷に働きかけて宣教師追放の勅許《ちょっきょ》を取り付けたのであった。

永禄12年（1569）5月、この窮状を信長に訴えるため、フロイスはロレンソ了斎《りょうさい》をともなって岐阜へと向かう。和田惟政《これまさ》の紹介状を懐へ入れ、フロイスらは岐阜に到着した。当時の岐阜は人口8000人か1万人位で、全国から商人や旅人で賑わっていた。営業や雑踏の声が止まず、フロイスは「バビロンの混雑を思わせるほど」と形容している。

フロイスは岐阜城下の宿で2～3日待機した後、紹介状を持って柴田勝家と佐久間信盛の屋敷へ向かう。佐久間らが信長にフロイスたちの来訪を告げると、信長はとても喜び、自分の館へ招くよう命じた。

「予の邸を見せたいと思うが、貴殿がヨーロッパやインドで見た建築に比べ、見劣りがするように思われるかも知れないので、見せたものか躊躇《ちゅうちょ》する。だが、貴殿ははるか遠方から来訪されたのだから、予が先導してお目にかけよう」(『日本史』より)

何びとも立ち入れぬ信長の聖域へ招かれる

信長はその性格と習慣から、自ら呼び出した者でない限り館に入ることを許さなかったが、フロイスは賓客扱いを受けたことになる。

フロイスが通されたのは、まず岐阜城のある金華山《きんかざん》の麓に建つ信長の館だった。フロイスが宮殿と呼んだのはこの建物のことだ。

「部屋、廊下、前廊、厠《かわや》の数が多いばかりではなく、はなはだ巧妙に造られ、もはや何もなく終わりと思われるところに素晴らしく美しい部屋があり、その後に第二の、また多数の注目すべき部屋が見出されます」

宮殿は鏡のような光沢を持った良材を用いた廊下で囲まれ、庭園が数カ所あり、美しい魚が多数泳ぐ池があり、溜池《ためいけ》から水が各部屋に分流し、思いのまま使用できる泉

1570年頃の日本のキリシタンと教会の数（ヴィレラの報告書より）

地名	人数	教会数
京都・堺	**1500人**	**教会5**
山口	**1000人**	**教会1**
平戸	**5000人**	**教会14**
大村	**2500人**	**教会3**
長崎	**1500人**	**教会1**
豊後	**5000人**	**教会5**
樺島	**400人**	**教会2**
五島	**2000人**	**教会3**
壱岐	**2000人**	**教会3**
島原	**800人**	
天草	**50人**	
薩摩	**300人**	**教会1**
福田・戸町・手熊	**1200人**	**教会1**

が邸内の至るところにあったという。また「建物は4階建てで、2階は婦人部屋、3階と4階には茶室があり、街を一望できる」と紹介している。見物後、1階で甘い物（おやつ）を振る舞われ、フロイスは信長邸を出た。

その後、信長は都の朝廷と将軍に対してフロイスたちを庇護するよう求める朱印状を発給する。フロイスは満足して信長に再度面会を乞い、礼を言って京へ戻ろうとしたが、信長は「城（天守）を見せたいから、もう2日滞在するように」という。

翌朝、フロイスとロレンソ了斎は岐阜城天守のある金華山に登った。その標高32

9mの山の頂に、当時、信長が築いた壮麗な天守があったのだ。登っていく途中に歩塁（櫓《やぐら》）があり、そこに20名ほどの若者が詰めて昼夜の見張りを行っていた。天守の入口に3つの広間があり、そこに100名以上の貴人たちがいた。そこから先に入れるのは貴婦人や信長の息子たちだけであったが、フロイスたちは招き入れられた。

出迎えた信長は豪華な部屋にふたりを通し、そこで茶を与えた。金屏風で飾られ、千本以上の矢が置かれ、そこからは美濃や尾張の平野部が一望のもとに見下ろせたという。

信長は「インドにはこのような城があるか」と尋ね、諸国の習俗や四大元素（地水火風）について異国人の考えを聞いた。2時間半もの会話

岐阜城天守閣《ぎふじょうてんしゅかく》

現在の岐阜城天守閣。昭和31年（1956）に建てられた復興天守だが、建物内からは当時フロイスが見た景色と同じものが楽しめる。

写真提供◎岐阜市役所観光コンベンション課

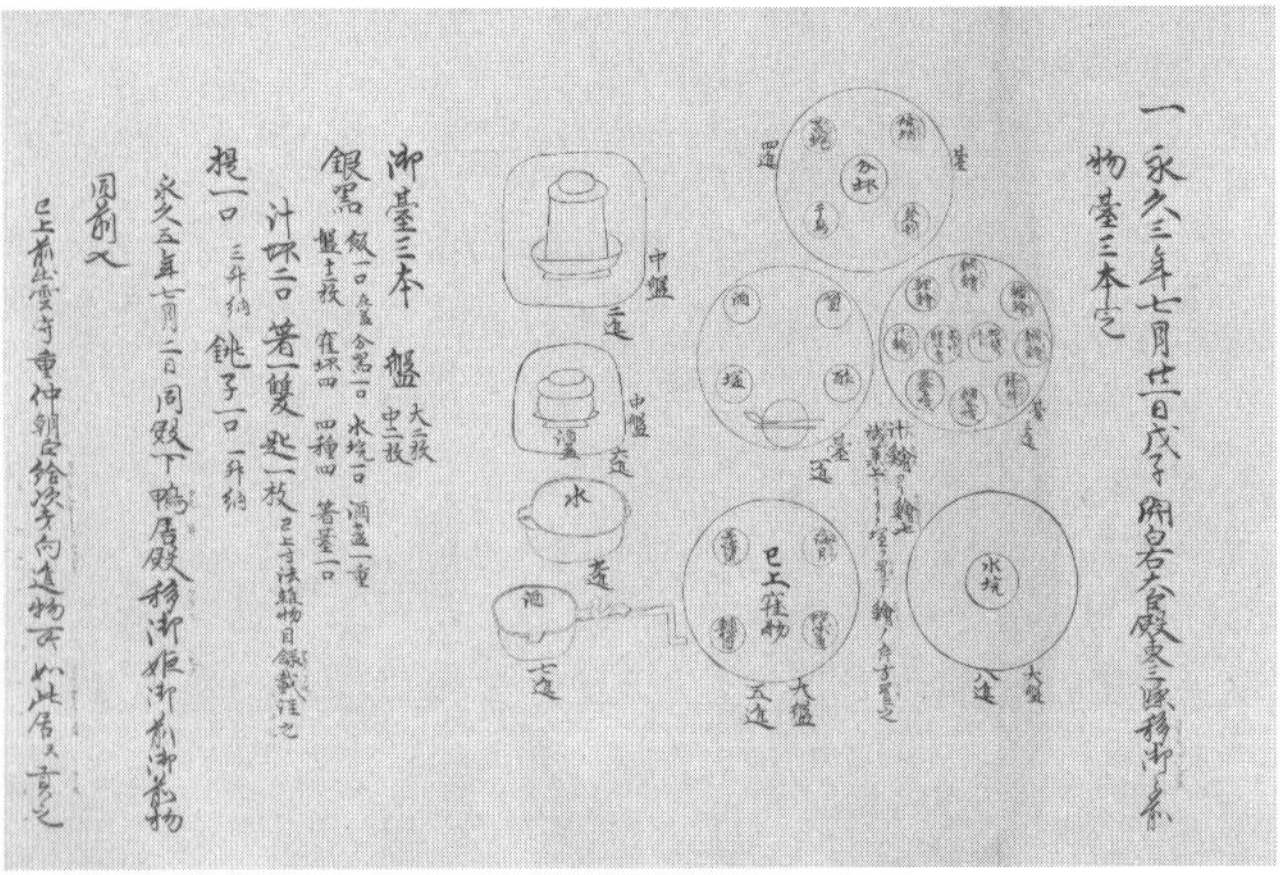

類聚雑要抄《るいじゅうぞうようしょう》 饗応の際の膳が書かれている。12世紀末頃のものだが、フロイスがに運ばれた膳も、このような形であっただろう。 国立国会図書館蔵

を行った後、信長はいったん奥へ入って行った。この間、フロイスの世話に当たったのは信長の嫡男で13歳の奇妙《きみょう》丸《まる》(信忠)、その弟で11歳の茶筅丸《ちゃせんまる》(信雄)であった。

汁をこぼさぬよう真っすぐ持つように

しばらくすると、信長は自らフロイスに出す昼食の食膳を、次男の信雄はロレンソの食膳を持って戻ってきた。信長は「御身らは突然来られたので、何もおもてなしすることができぬ」と言った。フロイスが感謝の意を示し、受け取った食膳を頭上に持ち上げると、「汁をこぼさぬよう、まっすぐ持つよ

うに」と言った。このような待遇は破格であったようで、息子たちも父のもてなしを目を丸くして眺めていたという。信長は同じく岐阜を訪れた京都の公家・山科言継《やましなときつぐ》や、堺の豪商・津田宗及《そうぎゅう》に対しても自ら膳を運んだり、息子たちに運ばせたりしている。信長流の最上級のもてなしだったのだろう。残念ながら膳の内容についてフロイスは詳しく書いていないが、信長が前述の津田宗及を迎えた時に出した料理の内容は以下の通りだ。

（本膳）キジの焼鳥・鮭《さけ》の塩引・鮒《ふな》なます・前塩・蔓汁《つる》・御飯（二の膳）鱒《ます》の焼物・海月《くらげ》・このわた・辛螺壺煎《にしつぼいり》・干しあわび・鱈引（三の膳）鯉の刺身・貝盛・生白鳥汁・菓子

食事が済むと、信長の息子たちが絹衣《きぬごろも》の袷《あわせ》、白い帷子《かたびら》を持ってきて、信長はそれを着るように言った。

「今や汝は日本の長老のようだ」といい、次いで息子たちに「予がこうしたのは、伴天連《バテレン》の信望や名声を高めさせるためだ」と言った。

京都および日乗《にちじょう》との関係については「なんの心配もいらぬ、大船に乗ったつもりで仕事に励め。美濃にはたびたび来るがよい。夏が過ぎたらまた戻るように」と言い添えた。

城下町の宿に帰ったフロイスたちを、宿の主人は手厚く迎えた。到着時は信長に取り次ぎもせず、会おうともしなかったが、フロイスが信長に厚遇されたことを聞き、「こんな尊いお方を我が家にお迎えするとは、なんという果報だろう」と打って変わって丁重な態度になったのである。

生来好奇心が強いとはいえ、信長はなぜかくもフロイスを厚遇したのだろうか。信長にとってフロイスは異国人であり、大名のような野心もなく、己を神に捧げて生きる若者と見た。その彼が海を越えて日本へ来て、自分を訪ねてきた。その純粋さ、熱意に魅力を感じ、興味を覚えたのかもしれない。また、信長とフロイスは2歳違い(フロイスが2歳上)であり、信長はそうした親近感も覚えていたのかもしれない。

一方のフロイスも信長にこれほどの厚遇を受けようとは予想もしなかったに違いない。そして、この時を境に、彼の布教人生における短くも充実した絶頂期が訪れるのであった。

高山右近
たかやまうこん

天文21年(1552)～
慶長20年(1615)
永禄7年(1564)、父の高山友照と共に12歳でロレンソ了斎から洗礼を受けた。和田惟政に仕え、後にフロイスとも深く関わる。

撮影◎上永哲矢

多くの有力武将の知己を得られたフロイスの幸運

好奇心旺盛の若者はやがてアジアの端の国へ

1532年にポルトガルのリスボンで生まれたルイス・フロイスは、とても好奇心に富んだ少年だったようだ。しかも信心深く、冒険心にも富んでいた。17歳になった1548年、彼はイエズス会に入会し、ほどなくインドのゴアに向かった。現代的感覚なら、臆せず海外青年協力隊に参加する、そんなタイプだったと思われる。

当時のゴアはポルトガルのインド経営の中心地であった。様々な文物や各界の知識人などが集まっていて、若いフロイスにとっては刺激的であったに違いない。そこで彼は、布教のために日本へ向かう直前の聖フランシスコ・ザビエルと、その協力者である日本人のヤジロウに出会う。これがその後の彼の運命を決定づけた。

ゴアに残ったフロイスは、自分もいつかはザビエルの後を継ぎ、見知らぬ国・日本での布教活動に力を注ぎたい、と考えるようになった。そして1561年になると、ゴアで司祭に叙階《じょかい》された。その頃からフロイスは、周囲の人たちから語学と分筆の才能を高く評価されていた。その才をもって、日本での布教活動に当たりたい。若いフロイスはそんな思いを巡らせ、胸を膨らませていたのである。

船舶の建造技術や航海術が著しく発達したこの時代、ヨーロッパの国々は威信をかけ、世界の海へと船を送り込んでいた。後の世で〝大航海時代〟と呼ばれる時代である。それは主にポルトガルとスペインにより行われた。

これは15世紀なかば頃から17世紀なかば頃まで続いた。その間、ヨーロッパ人がアフリカ大陸、アメリカ大陸、そしてアジアの各所へ、船出して行ったのだ。この間に、ヨーロッパ人にとっては未知であった世界が次々に発見されていった。そのため〝大発見時代〟とも呼ばれている。

当初、遠洋航海の生存率は20％にも満たなかった。遭難や難破、敵対する勢力や原住民からの攻撃、壊血病や様々な伝染病感染などが主な死因である。だが航海が無事に成功し、新航路が開拓された上に新領土を獲得することができれば、その利益は莫大だ。

不屈の精神と頑強な肉体、そして才覚と幸運に恵まれれば、貧しい者だろうが何であろうが、一夜にして王侯貴族のような富と名声を手にすることができた。こうした旨みに引き寄せられ、ポルトガルとスペインを中心に、ヨーロッパで大変な遠洋航海熱が吹き荒れていたのである。

戦国時代の戦い方に大きな変化をもたらした火縄銃

カトリック教会もこうした動きに敏感に反応。この頃、宗教改革によりプロテスタント諸派が相次いで成立していた。そのため信者離れに危機感を覚えたローマ教皇は、海外での新たな信者獲得に大きな期待を寄せていたのだ。だからこそ、たとえ新領土獲得が最大の目的であっても、強固なカトリック国であるポルトガルとスペインの船には、布教の志を高く掲げる宣教師たちを乗船させたのだ。

こうした流れのなかで、日本という国もヨーロッパ人に〝発見〟された。最初は天文12年（1543）、種子島《たねがしま》にやって来た1隻の中国船に、ひとりのポルトガル人フランシスコ・ゼイモトが便乗していた。彼の持っていた鉄砲に着目した島主・種子島時堯《たねがしまときたか》は、2000両を投じてこれを譲り受けた。

この時期に鉄砲という新兵器が日本にもたらされたことは、大きな意味を持つ。群雄相争う戦国時代だった日本では、従来の戦闘方法を一変させるほど瞬く間に普及していったのだ。そしてもうひとつ。一挺の鉄砲が種子島に伝来してから約30年、驚くべき速度で普及したことで、日本は世界有数の軍事大国となった。だからこそ侵略されずに済んだとも思われる。

貿易を後ろ盾にして大名たちの支持を得る

鉄砲が伝来してから6年後の天文18年（1549）、イエズス会の宣教師フランシスコ・ザビエルが薩摩に上陸。そして領主の島津貴久の許しを得て、領内での布教活動を開始した。2年3カ月ほど鹿児島での布教活動を続けたが、教えをもっと広く伝えるには、日本国王（天皇）の許可が必要だと考え、鹿児島から平戸、山口を経て京へ上った。

だがその頃の京都は、長年にわたる戦乱で荒れ果てていた。天皇の権威も失墜しており、折悪く将軍も不在であったため、ザビエルは目的を果たすことはできなかった。その後は言語や生活習慣の違い、文化や宗教に関する考え方の差など、多くの困難を乗り越えながら徐々に日本人協力者を得ることができた。そして700名ほどが洗礼を受けたのであった。

日本各地を旅するなかで、ザビエルはこの国の文化には、中国が大きな影響を与えているると見抜いたのである。そこでザビエルは中国の宣教を志し、日本を後にして中国本土を目指したが、途中、病を得て亡くなってしまった。

ザビエルは日本人を「優秀で理性的な国民」と評した。そしてイエズス会の本部に対して、もっと多くの宣教師を派遣するように書簡を送っている。本部もそれに応えてザビエル以後ガスパル・ヴィレラ、ルイス・デ・アルマイダ、ルイス・フロイス、ガスパール・コエリョらが派遣された。

だが日本は植民地化されてしまった他のアジア地域と違い、外国からの影響をほとんど受けていなかった。そのため日本に渡った宣教師たちへ、本国からの支援は皆無に等しかったのだ。彼らはみなその土地の大名などの有力武将と会見。南蛮との貿易がいかに利益になるかといったことを訴えながら、布教の許可と自らの安全確保を図ったのであった。

そこで彼らにとって幸運だったのが、少し前に火縄銃が伝来していたことだ。日本国内は戦国乱世だったことから、どの大名も利益が期待できる南蛮人との交易の道を模索していたのだ。こうした理由から、ザビエルたちは来日当初、大名たちから歓迎されたのである。

イエズス会の布教方針が為政者との軋轢を回避した

南蛮貿易の実利を得るため、自らも洗礼を受ける大名も現れた。もちろん、キリスト教の理念に真剣に惹かれた大名も少なくなかった。こうした身分の高い者、いわゆる知識人が入信したのも、イエズス会の宣教方針に拠るところも大きく影響している。

イエズス会の日本における宣教方針は、日本の伝統文化と生活様式を尊重すること、そして日本人の司祭や司教を養成し、日本の教会はその人たちに任せる、というものであった。これは同時代のヨーロッパ人には考えられないほど、先進的な考え方であった。とにかく非ヨーロッパ文化に対する態度は、必ず蔑んだ気持ちが入っていたからだ。これは「適応主義」と呼ばれ、イエズス会の先進性と日本人の資質の高さがあいまって生み出されたものだった。

こうして土壌が育成しかけた頃にやって来たのがルイス・フロイスであった。時を同じくして、戦国武将のなかでメキメキと頭角を現してきたのが織田信長である。新奇なもの、そして道理に叶ったものが好みの信長にとって、幾千里の波濤《はとう》を越えてはるばるやって来た南蛮の若者は、とても気になる存在に写ったのであろう。

フロイスが戦国時代を代表する多くの武将たちと知己を得られたのも、早い段階で信長とのつながりを持つことができたからにほかならない。信長の勢いが増すごとに、フロイスも新しい人や物、事件と出会えたのである。

コラム 外国人の目に映った日本人の姿とは――。

日本人がヨーロッパの人たちを見た時、イギリス人とドイツ人とフランス人を見分けるのは難しいであろう。同じようにヨーロッパ人から見れば、日本人と中国人は同じように見える。そのためどうしても混同してしまうことがある。ここで紹介している絵は、すべて鎖国後に描かれた日本人および日本の寺院。かつてヨーロッパ人も日本へやって来ていたにもかかわらず、これだけ勘違いされてしまうのだ。

こちらも外国人を描いたのではなく、日本の僧侶である。着ているもの、風景までがどこか外国風に描かれている。了仙寺蔵

右／1683年に描かれた「阿弥陀仏堂の図」。やけに広くて天井の高い室内には、古代文明の神殿を思わせる立像が並んでいる。完全に和洋折衷の造りだ。左／これはヨーロッパの兵士ではなく、日本の武士を描いたもの。腰に刀を差していることがその証拠である。了仙寺蔵

第三章　太田牛一が語れなかった武将像

太田牛一が語れなかった戦国を生きた人々の横顔

豊臣秀吉

武将らしい威厳に欠けていた秀吉に対する厳しい評価

織田信長という希代の天才から、並々ならぬ寵愛を受けていたフロイス。『日本史』のなかで記された信長像には、フロイスの親しみと愛情が込められている。だが信長の後を継いで、遂には天下人にまで昇りつめた豊臣秀吉《とよとみひでよし》に対しては、同様の親しみや愛情は感じられない。

その理由として考えられるのが、秀吉は信長のように、異国人に対しておおらかに接するほどの度量を持ち合わせていない、と感じたからであろう。さらに後年、キリシタン禁教令を発したことで、それは決定的なものとなったようだ。

「彼は優秀な騎士であり、戦闘に熟練していたが気品に欠けていた」という表現からも、秀吉を見るフロイスの目は冷めていたようだ。さらにキリシタン禁教令以前から

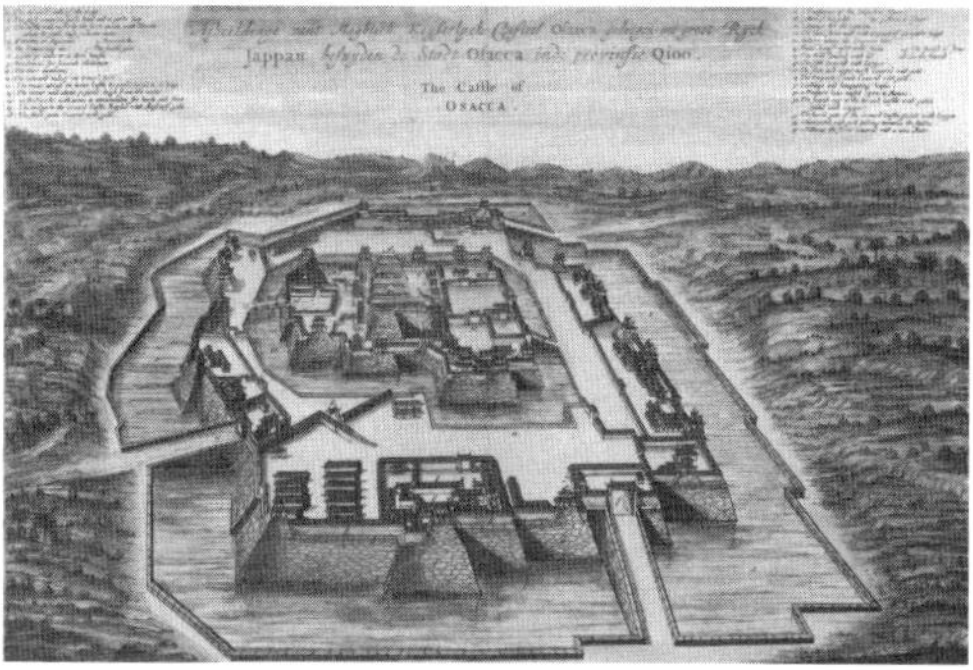

大坂城の図

1669年に秀吉時代の大坂城を描いたもの。当時の日本はすでに鎖国していたため、ヨーロッパに正確な情報は伝わらなくなっていた。
了仙寺蔵

秀吉の女漁りに対しては、カトリック宣教師らしく憎悪の目を向けていた。それは隠し立てされることもなく、次のように表現されている。

「関白は極度に淫蕩で、悪徳に汚れ、獣欲に耽溺しており、二百名以上の女を宮殿の奥深くに囲っていたが、さらに都と堺の市民と役人たちの未婚の娘および未亡人をすべて連行して来るように命じた」

ただ信長に仕えていた武将のなかで、秀吉ほど物事を果断に決して行動に移す勇気や先見性に富んだ者は、他には見当たらないこともきちんと評価している。本能寺の変後、遠く離れた備中高松からいち早く取って返した「中国大返し」が、その最たる出来事としている。

秀吉が突如として発した伴天連追放令。実際は南蛮貿易への影響を危惧し、徹底されたものではなかった。だが権力を掌握するにつれ、傲慢さが目立った秀吉に向けたフロイスの目は厳しい。「自らの領地、財産が順調に増して行くにつれ、それとは比べものにならぬほど多くの悪癖と意地悪さを加えて行った」。この言葉が全てを表しているだろう。

豊臣秀次

聡明な若者である一方、恐ろしい残虐性を秘める

豊臣秀次《ひでつぐ》に対する評価は、一般的にはあまり芳しくない。実子に恵まれなかった秀吉は、自らの後継者とすべく姉の長男を養子とした。それが秀次で、わずか24歳の時に尾張百万石が与えられ、関白の位に就いている。それほど溺愛された秀次の立場は、淀君が秀頼を生んだことで暗転する。自分に向けられた秀吉の視線の変化に耐えきれず、数々の乱行を引き起こしたというのだ。

そんな秀次とも交流のあったフロイスは、後世語られる秀次像とはまったく違う記述も残している。それは「この若者（孫七郎殿）は叔父（秀吉）とはまったく異なって、万人から愛される性格の持主であった。特に禁欲を保ち、野心家ではなかった」というものだ。さらに「機敏で優れた才能を持ち、まれにみる賢明さの持ち主で多くの資

質に恵まれていた。礼儀正しく正直なことを愛し、賢者や有能な人々の教説にも熱心に聞き入った。気前がよくキリシタン宗門にも寛大」と賞賛している。

だがその一方、唯一の汚点として秀次の残虐性に触れた書簡も存在する。それは「彼は人間の血を見ることに異常な興奮を見せた。それは残酷で知られるローマの歴代の皇帝でさえもなしえないほどの残虐性だったと言ってもいい」という記述である。「時には足で逆さに吊るしたまま斬り裂くこともあった。受刑者の身体を斬り裂く瞬間こそが、彼にとって至福の時のように見えた」と、異常な残虐性も描写されている。

こうして見ると、秀次は恐ろしい二面性の持ち主であったと考えられる。「殺生関白」という秀次のイメージは、後世に脚色された部分も多い。だが同時代に生きたフロイスの記述は、信憑性の高いものだ。

石田三成

冷酷な為政者の元で働く官僚の立場も理解

フロイスの『日本史』で語られる石田三成《みつなり》は、徹底した悪人とされている。三成は周知のように、秀吉が最も重用した重臣だ。もちろんフロイスは秀吉に関する悪口も多く記している。しかし褒めていることも少なくはない。だが三成に関しては、辛辣に批判しているのだ。

その理由として考えられるのが、秀吉が天下人となった後、三成が堺の代官を務めていた際に起こった事件である。『日本史』によれば、堺の商人日比野了珪《ひびのりょうけい》の弟であるガスパルが、了珪の娘婿であるルカスの弟リョウカンによって、ガスパルの弟であるトウアンともども殺されたことが書かれている。

この事件を三成が裁いている。異教徒であるリョウカンは、ルカスにキリスト教への改宗を促されたため、それを拒否するための犯行だったように描かれている。だが実際のところははっきりしていない。ただこの事件は無実のルカスにも類が及び、捕縛され処刑されてしまう。

これは堺奉行である三成の画策であったように描かれている。その目的は豪商であった日比野一族の、財産を没収することであった。それは秀吉の意向を受け、三成が実行したというのだ。他人の財産を奪うために、罪もない人を処刑した三成の非道ぶりを、フロイスは許すことができなかったものと思われる。

ただしフロイスの人物評には、キリシタンに対しては好意的に捉え、異教徒に対しては否定的に描かれることも多い。三成に対する厳しい記述も、それに拠るところが大きいと思われる。同じ堺の代官を努めた小西隆佐は、ジュウチンという洗礼名を持つキリシタンであった。そのため「ジュウチンは、最良の人物であり、都の最初のキリシタンの一人である」と記されているからだ。

しかし三成が奉行としてキリシタン弾圧を行ったのは、決して自分から進んでというわけではない。全ては秀吉の強い意向を受けて行ったことだ。実際、堺の歴史を編纂した「堺市史」には、京都に潜伏していた宣教師オルガンチーノに危害が及ぶのを避けようとして、三成が長崎への逃亡を忠告した、とある。

後にフロイスが記した『26聖人の殉教記録』では、冷酷な君主となった秀吉の元で働く三成への理解も示されるようになった。26聖人殉教事件とは、フィリピンからメキシコへ向かう際に、土佐沖に

鷹狩りの帰りに寺に立ち寄り、茶を所望した秀吉に三献の茶を出した小性時代の三成。ふたりの出会いと三成の聡明さを表現した長浜駅前の像。

漂着したスペイン船「サン＝フェリペ号」船長の言葉で、秀吉は再度キリスト教禁止令を布告。京都にいたフランシスコ会員とキリスト教徒全員の処刑を三成に命じた。その際、三成は犠牲者の数をできるだけ少なくしようと努力したからである。

高山右近

二代にわたり篤い信仰心を持つ信者であった高山父子

２０１６年1月、バチカン・ローマ法王庁は、戦国武将で高槻城主であった高山右近《たかやまうこん》を「福者」に認定すると発表した。福者とはカトリック教会において死後、その徳と聖性を認められた信者に与えられる称号のことである。右近が洗礼を受け、キリシタンとなったのは宇陀の沢城であったことは、フロイスの『日本史』にも記されている。

この沢城主であった右近の父の高山飛騨守は、永禄6年（１５６３）にイエズス会の宣教師ガスパル・ヴィレラが堺を訪問した際、仏教との議論に際して審査役を務め、その最中にキリスト教に感化した人物である。その後、飛騨守はヴィレラを沢城に招き、嫡子の彦五郎（右近）をはじめ家族全員で洗礼を受けた。ということで、高山一族はまさに筋金入りの信徒なのである。

『日本史』によれば、右近が領した高槻周辺は領内の住民のほとんどがキリシタンとなり、古い神社仏閣が取り壊された。だが右近は家臣や住民に入信を強要したわけではない、と記されている。多くの寺が打ち壊されたのは、信者が減って廃寺が生じたため、教会を建てるための材料に転用されたのだという。

熱心な信者であったため、フロイスが右近に注いだ視線は、他の武人に対するものとは一線を画していた。戦国時代とはいえ、仕えている主君の命は重い。だがたとえ主君の命でも、デウスに対する信仰はそれを超える存在であるのだ。右近はそれを貫き通したのである。

当時の日本では、現世で仕えている主君に従うのか、それとも万物を超えた存在であるデウスに従うのかという、二者択一が求められた。信仰を貫き通すということは、まさに命がけの行為だったのだ。

天正15年(1587)、九州征伐に参陣していた右近の元に、秀吉からの特使がやって来た。そして「キリシタンは血をわけた兄弟以上の団結が見られ、天下に累を及ぼすことが案じられる。武将としての身分に留まりたければ、ただちに棄教するべし」

と通知してきた。こうしたいきさつについても、フロイスは克明に書き留めている。

早くから信仰を守り通す覚悟のあった右近は、デウスに従うことを決め大名の地位と名誉を潔く捨てたのである。右近の見せたその姿に、フロイスらは武士道というものを垣間見ることができたのだ。

黒田官兵衛

武将としての実力もありよき理解者でもあった

フロイスの『日本史』に登場する黒田官兵衛《かんべえ》は、熱心なキリシタンとして描かれている。官兵衛がキリスト教への関心を深めていったのは、茶の湯などの会を通じてキリシタン大名と付き合う機会が増えていったからである。そして天正12年（1584）頃、高山右近や小西行長らの勧めにより入信する。

まだ秀吉による天下統一は果たされていなかったが、フロイスは「時に天下は太平で、各地の武将たちは頻繁に政庁を訪れるために大坂に出入りし、その機会に我らの説教を聴聞し」と記している。そうした武将のなかには、洗礼を受ける者も少なくなかった。官兵衛もそのうちのひとりで、フロイスは「関白と毛利との和平を成立させた貴人」として『日本史』内で紹介している。

この時期、秀吉の側近には黒田官兵衛、小西行長、高山右近というキリシタン武将がいたことになる。だが秀吉はその後、右近にだけあからさまに棄教を強要している。他のふたりと比べると、武将としての利用価値が高くなかったのかも知れない。

伴天連のよき理解者であり、保護者でもあった官兵衛は、当然フロイスも高く評価している。官兵衛は九州攻めの戦場に修道士を帯同していたという。そして時間が許す限り身辺に置き、自ら世話をしながら兵たちに説教を聞かせていた。官兵衛が不慣れな手つきで十字を切り、祈り終えると頭と両手を床に着けひれ伏す姿は、真心がこもっていて一同に感銘を与えたと、フロイスの『日本史』は伝えている。

同じ九州征伐の際、官兵衛は毛利領山口の教会復興にも尽力した。というのもザビエルが布教の道を拓いた山口では、毛利氏支配の時代になると伴天連の駐在が認められなくなったのである。そのため信者たちは30年の長きにわたり教会のない生活を送っていたのだ。

こうした不遇を伴天連から聞かされた官兵衛は領主の毛利輝元に、教会のための土地を信徒たちに与えるように掛け合っている。官兵衛の働きにより、長らくキリスト教の布教が禁じられていたにもかかわらず、山口では大きな混乱は生じなかった。

秀吉によるバテレン追放令が発せられた天正15年(1587)以降、官兵衛は表面上棄教する。だが浅野長政に領国内で司祭たちを庇護するよう取り計らうなど、その後もキリスト教を保護し続けた。そのため伴天連から頼りにされていたようだ。

蒲生氏郷

その器量ゆえに中央政界から遠ざけられてしまった武将

歴史に〝もしも〟は禁句だが、ついつい考えてしまうのが「蒲生氏郷《がもううじさと》がもう少し長生きしていれば」ということだ。氏郷があと20年生きていればおそらく信長、秀吉、家康に続き、天下を狙える武将となっていたに違いない。それほどの器量人なのだ。

弘治2年(1556)、近江日野城主・蒲生賢秀《かたひで》の嫡男として生まれた氏郷は、13歳で織田信長の人質となった。その際、かの信長に「ただ者ではない」と言わせている。その若さで戦上手なだけでなく、長じると卓越した行政手腕を発揮した。さらには和歌や茶の湯といった文化面でも秀でていたのである。

そんな氏郷に関してフロイスは、まず出自に関して細かく記述している。それは「近江の国には、安土山の町が築かれていたところからあまり距たらぬ地に、高貴な身分の一武将がいた。（略）血筋が良く、裕福であったために信長は自らの娘を彼に嫁がせた」というもの。氏郷の器量に惚れ込んだ信長は、自らの娘を嫁がせていたのだ。

さらにフロイスが氏郷に着目したのは、彼が高山ジュスト（右近）と極めて親しい間柄であった、ということであった。氏郷は右近の持つ素質に敬意を払っていた。そんな右近から、キリスト教に関する話も聞いてみたいと思っていたようだ。

「彼はデウスのことや我らの聖なる教えに興味を抱くようになり、彼の方から昼夜右近殿につきまとい、デウスの話を求め、教会で聴聞したことについて疑問を解いてくれるようにと頼んでやまないまでになった」

と、フロイスが記述したように、氏郷は教義に関する十分な知識と理解を得た上で、キリシタンに帰依している。そんな氏郷は宣教師たちの間で評判が高かった。フロイスも氏郷のことを「彼は主要な人物の一人で、今日までこの地方でキリシタンになった者のうち、最も貫禄ある人物である」と評している。

すでにキリシタン禁教令が出された天正18年（1590）、巡察師ヴァリニャーノが少年使節を伴い来日した際、氏郷は臆することなく巡察師を2度も訪問。そして親しく接している。そんな態度も、宣教師たちから信頼された要因であった。

小田原征伐で北条氏を滅ぼすと、秀吉は伊勢の一大名でしかなかった氏郷を、会津42万石に移封。さらに92万石に加増し、名実共に大大名とした。それは天下への野心を諦めていない伊達政宗《だてまさむね》の動きを抑え、さらには関東で250万石以上を領する徳川家康を牽制するため、器量人の氏郷を配したのである。だが秀吉の本音は氏郷の器量を恐れたため、上方から遠く離れた地に追いやってしまいたかったといわれている。

和田惟政

甲賀の名門出の縁で将軍家に仕えた和田惟政

和田惟政の家系は甲賀に根を張る有力豪族、甲賀五十三家のうちでも長享元年（1487）の「鈎（まがり）の陣」に参戦し、著しい功績をあげた二十一家に数えられる名門である。だが惟政は配下の忍びを暗躍させる生き方はせず、はじめ13代将軍足利義輝に仕えた。だが永禄8年（1565）、美輝は大和の松永久秀、河内の三好義継らの軍勢に御所を急襲され、自害して果てた。

この時惟政は伊賀の仁木義政と共に幕府再興を意図。奈良興福寺一乗院で僧侶となっていて、松永らに軟禁状態とされていた義輝の弟・覚慶に伊賀越えをさせたのである。

その際、惟政と義政は互いに甲賀と伊賀という、忍家の地縁を最大限に活用している。こうして無事に奈良を脱出した覚慶は還俗し、以後は義秋と名乗り幕府再興の旗を揚げたのであった。

伊賀から甲賀を抜けた後、惟政は南近江の六角承禎《しょうてい》を頼るつもりでいた。さらに浅井長政、織田信長、斎藤龍興らを味方につけ、六角氏を説得して上洛する計画だ。だが六角、斎藤両氏の離反が明らかになり、義秋らは近江を後にし、越前の朝倉義景を頼った。だがやがて朝倉氏も上洛の意思がないことも判明する。

そこで惟政が次に頼りとしたのは、その当時めきめきと頭角を現してきていた織田信長であった。永禄11年（1568）、義秋は義昭と改名し、信長によって岐阜に迎えられた。そして織田軍の後ろ盾を得て上洛し、15代将軍に即位したのであった。

フロイスの運命を劇的に好転させた惟政との出会い

信長が義昭を奉じて上洛を果たした頃、フロイスは尼崎から堺にやって来た。そこへ信長軍の司令官といえる5人の武将が堺へやって来た。多くの市民は略奪や暴行が起こるのではないかと考え、戦々恐々とした気分でいた。ところが武将たちは允許状《いんきょ》と保護状を見せ、住民たちを安堵させた。その5人の司令官のひとりが、和田惟政だったのである。惟政は永禄11年10月には摂津(現・兵庫県南東部から大阪府北部)守護を任じられ、京都守護職を兼任するという栄達を果たしている。

惟政の配下には高山飛騨守(ダリオ)がいたため、彼は堺に滞在していた伴天連についての話を聞かされていた。惟政は永禄7年(1564)には、ダリオに誘われ京の南蛮寺を訪れたことがあった。その頃からキリスト教に対して、理解を示すようになったといわれている。

堺に滞在していたフロイスを訪問した惟政は、臆することもなくキリスト教の教えを話しかけてくる若い南蛮僧に、次第に惹かれていく。いつしかこの若者を自らの権限で保護し、京の都へ連れ帰ることを決意した。それは翌永禄12年(1569)2月26日に実現する。

この日、フロイスの元にダリオから迎えの使者がやって来た。馬と付き人も揃った立派な行列である。ダリオ自身は堺の町から離れた場所で一行に合流した。この知らせはすぐさま都のキリシタンたちにもたらされた。その様子をフロイスは、「都のキリシタンたちはその日のために準備を整え、司祭の到着を切に待ちこがれていたので、大人も子供も、幼児や高齢の老人までもが、それぞれの能力に応じ、新品の、もしくは所持するうちの最良の衣服を着、彼らの習慣に従い飲食物を携えてそこから三里のところまで出向き、山崎というところで司祭を待ち受けた」と記している。

こうして都に入ったフロイスを待ち受けていたのが、南蛮の文物に強い関心を寄せていた織田信長であった。フロイスは信長と会見し、キリスト教の布教を許された。しかもそれだけでなく、様々な便宜を与えられたのである。それを実現させたのは惟政の力であった。またキリスト教を徹底的に憎み、執拗に妨害を重ねる勢力に対し、惟政が身をもって宣教師たちを守り抜いたことが、最高の賛辞と共に記されている。

キリスト教のよき理解者摂津擾乱にて落命す

フロイスが描く和田惟政は、キリスト教へのよき理解者ということもあり、最大限の好意をもって語られている。そのあたりは誇張も多いので、多少は割り引いて考えなければならないが、惟政に対して宣教師たちが好意を示していたのは確かだ。

その後も惟政は、反キリスト教勢力の讒言や妨害に遭いながらも、キリシタンたちへの後援を続け、また織田家の武将としてもその政治力を発揮し、将軍義昭とのパイプ役を務めつつ各地を転戦。目覚しい活躍を見せていた。だがやがて信長は義昭と不和になることを見抜く。

元亀2年(1571)になると畿内は騒然とする。三好三人衆と結んだ大和の松永久秀が、摂津に侵攻し惟政の城を狙い始めた。摂津の将のひとり池田勝正は城を逐《お》われ、その跡を継いだ池田重成や実力者の荒木村重は久秀方に付いた。摂津衆の多くを敵とした惟政は8月28日、郡山で池田軍と一戦を交え敗死する。

この報に触れたフロイスは、慟哭し、そして上司への書簡に「私が、奉行和田殿が私に示された不断の好意と恩恵にしばしば浴していました間には、それを享受しそれに慰められることが多大で、よく判っておりませんでしたが、今、突如としてその保護と援助を失って初めてこれを知るのでございます。(略)不幸な死を遂げた悲しむべき情景が私の胸中に浮かび上がるごとに、私はひどく涙を流し、歔欷せざるを得なかったのでございます」と記している。

龍造寺隆信

信徒たちの祈りが通じたか、隆信はあえない最期を遂げる

龍造寺隆信。彼は北九州地方を舞台に暴れ回り、近隣諸国の人たちからは「肥前の熊」と呼ばれ恐れられていた、まさに戦国の申し子のような存在であった。天文14年（1545）、祖父や父が主君であった小弐《しょうに》氏から謀反の嫌疑をかけられ、少弐氏の命を受けた馬場頼周《よりちか》の軍に誅殺されたため、出家していた隆信が急遽還俗し当主となった。

その後、何度も城を追われ窮地に立たされるが、義弟の鍋島直茂や親族の助けもあり、少しずつ勢力を広げていく。そして遂には北九州5カ国を領し、九州三強の一角を占めるまでの大勢力となった。

だが島津と通謀した筑後の蒲池鎮漣《かまちしげなみ》を謀殺したり、赤星統家《むねいえ》が隆信の命に背いたということで、人質として預かっていた赤星の幼い子供を殺したりしたことから、次第に冷酷なイメージを抱かれるようになる。さらには驕りに満ちた態度から、家臣の信頼も失っていった。

天正12年（1584）3月、キリシタン大名の有馬晴信が龍造寺氏から離反し、龍造寺方に属していた縁戚の深江城主安富純治《やすとみすみはる》・純泰《すみやす》父子を攻めた。これに島津勢が加勢したため、隆信は城の救出と有馬・島津連合軍撃滅のため、2万5千という大軍を繰り出したのである。対する連合軍は1万足らずの兵力だ。

この沖田畷《おきたなわて》の戦いに関する記録をフロイスは、かなり詳細に書き留めている。というのもこの戦いは、九州のキリシタンの命運を左右するものであったからだ。龍造寺隆信は大のキリスト教嫌いであり、最初の領国である肥前の国から、キリシタンをことごとく消し去ってしまうことを本気で考えていたのだ。

そんな宗門の敵である龍造寺が、キリシタン大名の有馬を打ち負かしてしまえば、島原からキリシタンは一掃されてしまうに違いない。フロイスらキリシタンから見た隆信は、悪魔のような存在に描かれている。

フロイスら信徒の祈りが天に通じたのかは定かではないが、この戦闘で隆信は討死する。猛将で知られる島津家久得意の「釣野伏(つりのぶせ)の計」に引っ掛かったのだ。それは隆信が討たれる場面を、フロイスがじつに細かく描写しているため、知れた部分も少なくない。

総大将が戦死した龍造寺軍は本国に退却し、野戦総司令官のような立場にあった鍋島直茂が龍造寺領を治めることになった。しかも直茂は関白秀吉から正式に龍造寺領の支配を命ぜられたのだ。龍造寺を宗門の大敵と呼んでいたフロイスは、直茂には好意的であった。「この領主は、異教徒にもかかわらず教会と深い友誼を結ぼうと切に希望している」と、記しているほどである。

大友宗麟

宗門の王国建設を夢見たが耳川の戦いで大敗する

日本におけるキリスト教の歴史を語る時、忘れることのできない武将のひとりが大友宗麟《そうりん》(義鎮《よししげ》)であろう。日本にやって来た宣教師たちが、本国へ送った報告書のなかに「ドン・フランシスコ」という名前が度々登場する。それが宗麟である。

宗麟がキリシタンに改宗したのは48歳の時だが、20代の頃にはすでにフランシスコ・ザビエルと面会し、強烈なインパクトを受けている。以来、宗門への憧れの気持ちを抱き続けていたという。それが要因となり、ポルトガル人に対しては、愛情をもって接していた。

「全日本の異教徒の国主にして、彼ほど心からデウスの教えを愛好し、司祭やポルトガル人たちに対して多大の愛情を示した者はいなかった」と、フロイスも最大級の賛辞を贈っている。自らがキリシタンになるのが遅れたのは「息子に家督を譲るまでは時間が持てなかったこと」と、「国内の宗教の奥義を極めてから改宗したかった」ということを、理由として挙げていた。

大友領は永禄2年(1559)頃には九州6カ国にまで広がり、補任最大勢力と目されていた。その後、キリシタンとなった宗麟が目指したのは、宗門を信じる者、つまりキリシタンだけで営まれる理想の国家を建設することであった。そのための土地を、隣国の日向(現・宮崎県)に求めたのである。

それまで豊後の大友氏と薩摩の島津氏は、良好な関係にあった。ところが毛利氏の元に身を寄せていた前将軍の足利義昭は、島津氏に対して大友領に侵攻し、大友勢が毛利領に侵攻することを止めさせるように命じる御内書を出した。これをきっかけにして天正5年(1577)12月、島津勢は日向国へ本格的に手を延ばしてきたのである。

そこで宗麟も翌天正6年3月、嫡男で当主となっていた大友義統《よしむね》率いる大軍を日向に向けた。その数は3万とも4万ともいわれている。だが大友方は過去の軍事的成功に驕り、将兵はすっかり油断していた。しかも宗麟がキリシタンの王国建設を目指していたため、日向国内の神社仏閣を破壊。そうした行為が住民の反感まで生んでしまったのである。9月には宗麟一行も日向入りし、オルガン音楽付きのミサが行われたことが『日本史』でも記されている。

当初の戦況は大友勢が有利だったが、日向の奥深くまで侵攻してきた大友勢に刺激された島津軍は、必死の反撃を展開し、高城川原で大友勢を敗走させた。この時、大友軍の多くが増水した耳川で溺死している。

明智光秀

外国人の目から客観的に見た光秀の姿を克明に描写

同じ日本人が誰かを評価した場合、どうしても「実は名君だった」とか「こういった面もあった」といった、私情に流された記述を加えてしまいがちだ。その点、フロイスの光秀評は、かなり客観的だと思われる。

フロイスは『日本史』内で、光秀を「彼は、裏切りや密会を好み、刑を科するに残酷で、独裁的でもあったが、己を偽装するのに抜け目がなく、戦争においては謀略を得意とし、忍耐力に富み、計略と策謀の達人であった。また、友人たちの間にあっては、彼は人を欺くために72の方法を深く体得し、かつ学習したと吹聴していた」と記している。

フロイスの人物評は、どうしてもキリスト教を認める者には甘く、認めない者には厳しい。ただそれを差し引いても光秀に対する評価は辛辣だ。「己を偽装するのに抜け目がなく、計略と策謀の達人」を日本流に言えば「才知に富む」とか「知略に富む」となるところ。それだけに、かえって真実に近いと感じられる。

一方、同じ頃の光秀に対する信長の評価はどんなものであっただろうか。まず着目したいのが、天正7年(1579)10月24日、光秀が丹波・丹後両国を平定した際に出された感状である。それによれば「永永丹波に在国侯て粉骨の度々の功名、名誉比類なし」と称賛しているのだ。

さらに翌天正8年、佐久間信盛に下された折檻状に「丹波国日向守働き、天下の面目をほどこし侯」と、光秀を家中で一番の功労者であると持ち上げている。信盛を追放した信長は、光秀を近畿方面軍の司令官に就けた。これは織田家中で最高位に当たるポジションといえる。自らの所領である近江志賀郡と丹波の計34万石に加え、丹後の細川家、大和の筒井家、山城衆などが与力となり、総戦力は約3万に達した。

天正10年(1582)の正月、光秀は最初に信長に拝謁するという名誉まで与えられている。こうした信長の様子を見て、フロイスは「信長は奇妙なばかりに親しく彼（光秀）を用いた」と評している。

毛利元就

反キリスト教を貫いたことでフロイスの反感を買った

ザビエルが布教活動をしていた頃、周防《すおう》の山口は布教の中心地となっていた。支配者の大内義隆が宗門に理解を示していたからだ。だが後に周防を治めた毛利元就は、徹底した反キリシタンの政策を推し進めたことから、フロイスには「デウスの敵」と呼ばれている。「安芸の毛利殿は、かつてその策略ならびに老獪《ろうかい》さにより、残虐なやり方でもってかの国を奪い取った」と辛辣だ。

元就の存命中は、毛利支配地域でキリスト教の教えを説いたり、キリシタンの世話をすることは固く禁じられていた。だが息子の代になると変化が生じる。とくに小早川隆景はキリシタンだった黒田官兵衛と親しかったこともあり、伴天連をとても丁重に扱っている。フロイスは「隆景は思慮深い」と賞賛している。

本願寺顕如

本願寺を制することこそ布教拡大の第一歩と画策

10年以上も信長を苦しめた本願寺顕如《ほんがんじけんにょ》。両者の争いは最終決着を見ぬまま、朝廷の仲介により和議が結ばれた。そんな本願寺をフロイスは、驚きと嫌悪感を滲ませつつ書き記している。それは宣教師にとって「本願寺が布教の妨げになる最大の障壁である」ということを肌で感じ、これを制することを考えたからだ。

和議が結ばれた後、顕如は石山を離れ紀州の地に退いたのである。実質的には信長の勝利ではあるが、顕如も本願寺も生き長らえた。その顕如は秀吉の時代となり、再び大坂に出てきたのである。フロイスはその顛末を次のように記している。

「筑前殿は（略）彼が悪事をなさず、なんらの裏切りなり暴動をなさぬようにと、秀吉の宮殿の前方の孤立した低地に居住することを命じた」

だがキリスト教は本願寺を制すどころか、自らが禁じられてしまった。

徳川家康

人物描写までには至らぬが戦巧者として登場する

戦国の最終勝利者となった徳川家康は、フロイスとの接点が希薄であった。もちろんその名は『日本史』に登場はするが、人となりを詳しく述べるほどではない。その家康がクローズアップされているのが、秀吉との間で戦われた「小牧・長久手の戦い」の記述においてである。

信長亡き後、天下を掌握しつつあった秀吉と、それを良しとしない家康は対立。信長の二男の信雄が家康を頼り、秀吉に対して挙兵したことが戦いの発端となった。対して秀吉はすぐさま7万の兵を動員し、信雄の領国である伊勢の諸城を落とした。

その後、戦いは織田・徳川連合軍が有利に進めるも、信雄が秀吉と単独講和。家康も戦いの名分を失い戦いは終結した。フロイスはこの戦いを記してはいるが、双方に信徒が大勢いたため、どことなく歯切れが悪い。家康の人となりも曖昧であった。

フロイスが見た戦国日本の意外な姿

見た目

❶ われわれの間では男たちは髪を刈っており、**はげ頭にされると侮辱されたと考える。**日本人は毛抜きを用いて、自分で毛の残らないように全部抜いてしまう。そのことは苦痛と涙を伴う

❷ 概してヨーロッパ人は非常に豊かなあごひげを蓄えている。**日本人は一般に少なく、形がよくない**

❸ ヨーロッパ人は大きな目を美しいとしている。日本人はそれを恐ろしいものと考え、**涙の出る部分が閉じているのを美しいとしている**

❹ヨーロッパの女性は美しい整った眉を重んずる。日本の女性は一本も残さないよう、**全部毛抜きで抜いてしまう**

服装

❺ヨーロッパでは男が扇を携え、それで煽いだなら、それは柔弱なこととされよう。日本ではいつもそれを帯にさして携え、**使用しないものは下等で卑しいものという認識である**

❻われわれの間では裁断してない衣服を着ることは狂気の沙汰であろう。日本人の毛皮の胴服は、**牡鹿から剥ぎ取ったままのものを着る**

❼われわれの間では紙の衣服を着るなどということは、嘲笑され、狂気の沙汰とされるだろう。日本では坊主や多くの王侯が、**絹の前みごろと袖のついた紙の着物を着る**

8 われわれの間では従僕が食卓を片付ける。日本では食事をした貴人が、**自分で自分の食卓を片付けることが多い**

9 われわれの間では誰も自分の欲する以上に酒を飲まず、人からしつこくすすめられることもない。日本人は非常にしつこくすすめ合うので、**あるものは嘔吐し、また他のものは酔っぱらう**

10 ヨーロッパでは女性が食事を作る。日本では男性がそれを作る。そして貴人たちは料理を作るために**厨房に行くことを立派なことだと思っている**

11 ヨーロッパ人は牝鶏やパイ、ブラモンジュなどを好む。日本人は**野犬や鶴、大猿、猫、生の海藻などを喜ぶ**

夫婦

⑫ヨーロッパでは財産は夫婦の間で共有である。日本では各人が自分の分を所有している。時には**妻が夫に高利で貸し付ける**

⑬ヨーロッパでは妻は夫の許可がなくては、家から外へ出ない。日本の女性は**夫に知らせず、好きなところに行く自由を持っている**

⑭ヨーロッパでは、妻を離別することは、罪悪であるうえに最大の不名誉である。日本では意のままに幾人でも離別する。妻はそのことによって**名誉も失わないし、また結婚もできる**

⑮ヨーロッパでは男女とも近親者同志の情愛が非常に深い。日本ではそれが極めて薄く、**互いに見知らぬもののように振る舞いあう**

引用：『ヨーロッパ文化と日本文化』ルイス・フロイス著　岡田章雄訳注（岩波書店）

第四章　信長の覇業、その目撃者となる

天下統一に向かい進む信長と敵対勢力の動きを観察

地の利だけでなく伝統的な権威も巧みに利用した信長

フロイスが信長と対面を果たした頃は、信長による統一事業「天下布武」が、まさに始まったばかりだった。足利義昭を奉じて上洛を果たすも、周囲はまだ敵だらけ、といった状況だったのである。ただ信長が他の大名と比べて有利だったのは、尾張と美濃という豊かな国を領していたこと、そしてこの2国は京の都からさほど距離がなかったことだ。

こうした利点を最大限に活用すると共に、伝統的な権威の利用も忘れずに取り込んでいる。それは荒廃した内裏の修復、正親町《おおぎまち》天皇から誠仁《さねひと》親王への譲位資金の援助、朝廷に対して毎年贈り物を欠かさないなど、天皇への忠誠心溢れる武将だということを見せつけた。こうしてまず朝廷を味方につけたのである。

やがて右大臣に就任。だが、天皇からの参内要請は拒否し、足利将軍からの副将軍、管領就任についても辞退している。そうして常に伝統的権威から一定の距離を置いていたのである。伝統的権威は利用するが、けしてそれに取り込まれることのないように振る舞ったのだ。

そんな信長と将軍義昭は、当初こそ義昭が信長を「我が父」と呼ぶほどの蜜月状態であった。しかし義昭の将軍としての権力を制限するために永禄12年（1569）1月14日、信長は『殿中御掟《でんちゅうおんおきて》』を発令。これは最初9カ条からなっていて、2日後には7カ条が追加された。それは「公家衆、御供衆、申次の者は、将軍の御用があれば直ちに伺候すること」「訴訟は奉行人（織田家家臣）の手を経ずに幕府・朝廷に内々に挙げてはならない」「当番衆は、申次を経ずに何かを将軍に伝えてはならない」「将軍への直訴は禁止する」といった内容だった。

それでも政治への影響力を持ち続けようとする義昭に対し、翌永禄13年1月23日に殿中御掟追加5カ条を突きつけ、これも承認させた。それには「それまで諸大名に対して義昭が出した命令は全て無効とし、改めて内容を定める」「政治向きの事はすべて信長に任せてある。信長は誰かに従うことなく、将軍の上意を得る必要もなく、自身の判断で成敗を加えるべきである」という、義昭にとって屈辱的な内容も含んでいる。

　加えて副将軍就任要請が無視された。しかしこの段階では、義昭は信長の武力だけが頼りだったため、泣く泣くその条件を呑んでいる。だが、もともと策謀家である彼はこの屈辱に耐えかね、自分を将軍の座に就けてくれたことなど忘れ、むくむくと陰謀の雲を沸き上がらせていった。


天下布武に邁進する信長はやがて四方を敵に囲まれる

　元亀元年（1570）4月、度重なる上洛命令に従おうとしない越前の朝倉義景を成敗するために、信長は徳川家康と共に越前へ軍を進めた。しかしこれは浅井氏との「勝手に朝倉氏を攻めない」という約束を反故にする行為であった。結果、金ヶ崎まで進軍したところで、信長は浅井氏離反の報を受けた。

　ここで挟撃されれば連合軍は総崩れとなるので、信長はただちに撤退する。何とか危機を脱した信長は、態勢を立て直した同年6月、家康と共に浅井・朝倉連合軍と近江姉川で激突した。この戦いは徳川軍の奮闘もあり、信長側の勝利に終わる。

　しかし信長が摂津の三好三人衆や石山本願寺相手の戦いに転じると、浅井・朝倉に

三方ケ原敗北後の徳川家康像

家康は三方ケ原の戦いで大敗北を喫し、命からがら浜松城に逃げ帰った。その様子を戒めとして絵師に描かせた。岡崎城内にはその絵を元にした家康像がある。撮影◎野田伊豆守

延暦寺の軍勢を加えた約3万の連合軍が、近江坂本へ進撃して来た。この時期、信長は四面楚歌の状態であったのだ。後世「信長包囲網」と呼ばれるこの状況を、陰で煽動していたのは足利義昭だったといわれている。

信長は摂津から反転し、急ぎ近江へ向かった。すると浅井・朝倉連合軍は比叡山に立て籠り抵抗したのである。この時信長は義昭に対して、正親町天皇に浅井・朝倉軍との和睦の仲立ちを依頼するよう

に、半ば恫喝した。以前からの朝廷工作が功を奏し、勅命をもって和睦は成立。日頃から気を配ってくれる信長の頼みを、朝廷も無視するわけにはいかなかったのだと思われる。

絶体絶命の窮地から一転周囲の敵を各個撃破す

こうして信長が周囲の敵と死闘を繰り広げていた元亀年間(1570〜73)、都におけるフロイスの布教活動は順調であった。それも信長という強力な後ろ盾があったからこそ可能になったことだ。フロイスら伴天連は、信長が具体的に今どこで誰と戦っているかという情報を、細大漏らさず得ているわけではない。

「殿にはデウスがお味方しておられますから、必ずご加護があります」

フロイスは信長に伝えた。それを当の信長は不思議そうな表情で聞いていた。なにしろ元亀年間の信長は、絶体絶命とも思えるほどの窮地に陥っていたからだ。

信長は元亀元年(1570)4月、かねてからの上洛命令に従わなかった朝倉義景を討伐するため、越前へと兵を進めた。ところが遠征の最中、北近江の浅井長政の裏切りにより撤退を余儀なくされる。

　こうした動きに連動し、同年6月には甲賀に逃れていた六角義賢・義治父子が湖南に進出して来た。信長はこれを撃退し、同月末には徳川家康と共に、姉川の戦いで浅井・朝倉連合軍を破った。元亀2年（1571）、浅井・朝倉軍の滞陣を許したことを理由に、信長は比叡山を焼き討ちにした。この所業に対し、それまで友好関係を保っていた甲斐の武田信玄は、信長を「天魔ノ変化」と非難した。そして遂に西上作戦を開始。長年の同盟者である徳川家康の領地を蹂躙し始めていたのである。時に元亀3年（1572）10月のことだ。

　武田軍の進撃は、まさに破竹の勢いであった。この時、信長は浅井・朝倉軍、石山本願寺の一向宗と対峙していたため、家康に対して3000ほどの援軍しか出せなかった。結果、援軍を含む徳川軍は、三方ケ原で武田軍に惨敗を喫してしまう。

　これで信長の命運も尽きるであろう。誰もがそう考えた。武田軍が元亀4年（1573）に三河へ侵攻すると、それに呼応し足利義昭も信長に対して京で挙兵したのである。だが信長は素早く京へ兵を向け、義昭を追い詰める。結局、正親町天皇から勅命が出され、義昭と信長は4月5日にこれを受け入れ和睦した。

一方、2月に野田城を落とした武田軍は、そこでぴたりと動きを止めてしまう。実はこの時、信玄が発病してしまったのだ。そのため軍を甲斐へと引き返すことにしたのだが、その途中で信玄は没してしまう。

信玄が死んだという確実な情報を掴んだわけではないが、その後の信長は、動きが早かった。まず元亀4年7月、再び抵抗を始めた足利義昭を攻め、これを追放してしまう。これで足利幕府は滅亡した。さらに天正元年（1573）8月、三好三人衆のひとり岩成友通《いわなりともみち》を討伐した。

時を同じくして信長は、越前に3万の軍を向け一乗谷まで攻め入り、朝倉義景を討ち取ってしまった。そのまま軍を反転させ、小谷城の浅井長政も攻め滅ぼしてしまう。こうして絶体絶命と思われた信長は、一気に形成を逆転したのだ。天正3年（1575）には、長篠の戦いで、宿敵武田軍を壊滅してしまうのである。

これは「デウスが味方についている」という、フロイスの言葉を裏付けるような奇跡だ。信長のそれからの快進撃を見ると、本人も含め、そう考えても不思議ではないだろう。

コラム

迫力満点の合戦絵巻「設楽原決戦場まつり」

戦いに大量の火縄銃が使われたことで知られる長篠の合戦。その決戦の舞台となった設楽原を会場として開催される勇壮な祭りだ。火縄銃の演武や小中学生による武者行列、子供武者による馬防柵演武などが行われる。開催日は毎年7月第1日曜日を予定。新城市では5月5日に長篠城址を会場として「長篠合戦のぼりまつり」も開催。こちらの祭りは長篠の合戦で倒れた両軍将士の霊を慰めるために、関係将士の紋入りのぼり数千本を献植して行うものだ。鎧・兜に身を固めた鉄砲隊による火縄銃の演武や、勇壮な長篠陣太鼓が盛大に行われる。

信長の庇護のもと畿内での布教活動も活発に展開

当面の強敵を撃破して新たな城の建築に着手する

強力な包囲網を次々に打破し、五畿内をほぼ手中に収めた信長。天正3年（1575）11月4日には権大納言に任じられた。さらに7日には右近衛大将を兼任することとなる。この位は足利義昭が望んだものの、実現することはなかった。そのため内裏近衛府の庁舎内における位は、信長の方が上位となったのである。

この昇進を機に、信長に対する呼称は上様となり、征夷大将軍と同等と見なされるようになった。事実上の天下人である。実際、信長の支配地域は畿内を中心に、広大な地域にまで広がった。軍をいくつかの方面軍に分け、同時に作戦を遂行することができるほどにまで強大化する。

信長はキリシタン宗門に理解を示していたため、この頃の畿内ではキリスト教と共に、南蛮文化も華開いていたのである。天正4年（1576）になると、信長は丹羽長秀を総奉行に据えて、自らも指揮を執り、琵琶湖畔に巨大な城の建築に取りかかった。これが後の安土城だ。

この頃、フロイスは九州へと渡っている。豊後では国主の大友宗麟の元に身を寄せた。宗麟はその時期にキリシタンに改宗している。畿内から遠く離れた九州にいても、フロイスの元には信長や世間一般の情報が伝わって来る。それほど信者のネットワークは広がっていたのだ。

新たな包囲網が構築され味方からも謀反者が

天正4年(1576)、鞆の津へ入り毛利氏に庇護された足利義昭は、再度信長包囲網を構築すべく暗躍していた。事実上、足利幕府は滅びてしまっていたが、義昭は形式的には征夷大将軍の位にあった。そのため将軍として各地の大名に御内書を出し、糾合を呼びかけることができたのだ。そうした呼びかけに対して、信長と長年にわたり対立してきた石山本願寺や武田氏だけでなく、義昭を庇護していた中国の毛利氏、備前の宇喜多氏、越後の上杉氏などが呼応してきた。

こうした動きは、信長陣営に参加していた者たちにも動揺を与えた。安土城の建設が始まった頃と時を同じくして、丹波の波多野秀治、但馬の山名祐豊が信長に反旗を翻した。さらに石山本願寺も再び挙兵しそうな動きを見せ始める。そこで本願寺に対しては、従来通り塙直政に包囲させた。同時に越前に柴田勝家を派遣し、加賀の一向一揆の鎮圧を命じた。

天正4年4月には塙直政、明智光秀らの兵、総勢3万を本願寺攻めのため、天王寺方面に差し向けた。だが本願寺方には、この時も鈴木孫一に率いられた雑賀衆が味方していた。鉄砲の扱いに長けていた雑賀衆の前に、織田軍は苦戦を強いられる。三津寺の戦いでは、塙直政の部隊が本願寺の伏兵に襲撃され、主将の塙以下1000人以上が戦死するという大敗を喫してしまう。

さらに天王寺砦に籠る明智勢は、逆に本願寺側に包囲され窮地に追い込まれた。だが信長自身が出陣したことで、部隊の士気が揚がり本願寺勢を撃退することができた。だが信長自身も負傷するほど、その戦いは一進一退であった。そこで信長は佐久間盛政を総大将に据え、本願寺を包囲して立ち枯れにする作戦に切り替えたのである。

しかし7月になると、石山本願寺に援軍として派遣された800隻の毛利水軍により、海上封鎖を行っていた織田水軍は壊滅的敗北を喰らう。毛利方は石山本願寺に悠々と兵糧や弾薬を運び入れたのであった。

さらにそれまで信長とは良好な関係であった越後の上杉謙信は、この年に石山本願寺と和睦。信長との対立姿勢を明らかにした。こうして今度は謙信を中心に石山本願寺、波多野秀治、毛利輝元、そして紀州雑賀衆による信長包囲網が構築された。

こうした動きに呼応し、信長陣営からも謀反を起こす者が現れた。天正5年（1577）2月、大和の松永久秀が石山本願寺の陣から無断で居城の信貴山城へ戻ってしまう。その翌年には播磨の別所長治、摂津の荒木村重も反旗を翻した。

新たな時代の到来を告げた天下人の象徴、安土城が完成する

包囲網の中心的存在の上杉謙信も突然の病死

三たび包囲網を構築された信長は、各方面で厳しい戦いを強いられていた。なかでも武田信玄と並ぶ強敵である上杉謙信に苦しめられていたのは、織田軍内で北陸方面を担当していた猛将・柴田勝家であった。その勝家は天正5年(1577)9月、加賀の手取川で謙信の軍に手痛い敗北を喫する。この結果、能登や加賀は上杉勢力圏に組み込まれ、北陸方面では完全に上杉方が優位に立った。

季節は大軍が行動できない冬となったため、柴田軍は壊滅の危機から救われる。だが翌年の春になれば状況がどう転ぶかわからない。そう考えていた天正6年(1578)3月、謙信が病死してしまったのだ。ここでも信長は不思議な運に救われたのである。しかも謙信には実子がいなかったうえ、後継者を定めていなかったため、その死後に養子の上杉景勝と上杉景虎の間で跡目争いが起こる。それにより上杉の勢力は

大幅に弱体化したのであった。

この天正6年3月は、中国方面で播磨の別所長治が謀反を起こし、三木城に籠城した時でもある。その年の10月には摂津の荒木村重も、石山本願寺や毛利の陣営に加わった。この段階で大きな戦いが継続しているのは、石山本願寺と毛利氏に関連する戦いであった。信長の覇業は完遂目前まで迫ってきたのである。

完成した安土城を見てその新奇かつ豪華さに驚く

天正4年(1576)から建造が続けられていた安土城が、天正7年(1579)に完成した。それはかつて誰も見たことのない、新奇かつ豪華な居城であった。その様子をフロイスは『日本史』に詳しく描いている。フロイスは九州で布教活動を行っていたが、天正8年(1580)、巡察師ヴァリニャーノの来日に際して、通訳として安土に同道した。その際、安土城で久しぶりに信長に拝謁している。

「信長は、中央の山の頂に宮殿と城を築いた。その構造と堅固さ、財宝と華麗さにおいて、それらはヨーロッパのもっとも壮大な城に比肩し得るものである」(『フロイス日本史』より)

まさに手放しで褒め讃えているといっても過言ではない。安土城は総石垣で建造されていて、七層の天守は望楼型で地上6階、地下1階という構造になっていた。今となっては石垣しか残されていないだけに、実際に城に招かれたフロイスの記述は、全貌を知り得る貴重な資料なのだ。

「塔は七層から成り、内部、外部共に驚くほど見事な建築技術によって造営された。事実、内部にあっては、四方の壁に鮮やかに描かれた金色、その他色とりどりの肖像が、そのすべてを埋めつくしている」と、フロイスはさらに続けている。

後の大坂城に黄金がふんだんに使われていたことはよく知られているが、安土城も最上階は金で覆われていたようだ。『日本史』にもそれを示すことも書かれている。

「層ごとに種々の色分けがなされている。（略）最上階はすべて金色となっている。（略）堅牢で華美な瓦で掩《おお》われている」

まさに信長の絶対権力を象徴する建造物であったようだ。しかも城とひとつの廊下でつながれた宮殿も用意されていた。それは信長自身の屋敷とは別のものであったという。そのような宮殿が存在していたことは、最近の調査で判明した。御所の清涼殿にあやかった宮殿であったというのも、ほぼ間違いないようだ。

武威を誇る馬揃えに招待された巡察師も感嘆

安土城が完成した天正7年は、夏になると波多野秀治を討伐し、秀治は処刑された。有岡城で抵抗を続けていた荒木村重は、9月になると妻子や城兵を置き去りにしたまま城から逃亡し、有岡城は落城した。そして翌天正8年（1580）閏3月7日、ついに本願寺は信長に大坂退去の誓紙を届け、戦闘行為を停止した。

もはや信長に抵抗している勢力は、中国の毛利氏、甲斐の武田氏、越後の上杉氏ぐらいしかいない。そのうちの武田氏と上杉氏には、昔日の勢いはなくなっている。残る毛利氏も、天正7年に備前の宇喜多直家が羽柴秀吉に降り、毛利方は俄然不利な戦いを強いられるようになる。

続いて天正8年1月には別所長治が切腹し、三木城は開城。さらに翌天正9年（1581）には鳥取城が兵糧攻めにより落城し、因幡国が織田勢力圏に組み込まれてしまった。もはや毛利氏も織田の軍門に下るのは時間の問題と思われていた。

得意絶頂の信長は、明智光秀に対して天正9年2月、京で馬揃えを行うように下知している。この馬揃えは公家衆、現在戦闘中でない織田分国の諸大名や国人を総動員し、織田軍の軍事力を誇示する一大軍事パレードだ。この盛大な行事に、まだ都に滞在していた巡察師ヴァリニャーノも招かれた。その様子は「入場者が身につけている大量の金と絹が織りなす絢爛豪華な光景は生涯かつて見たことがない」と、『日本史』にも記されている。

ヴァリニャーノはこの時、信長に金の装飾を施した濃紅色のビロードの椅子を贈呈した。これをいたく気に入った信長は、自らが行進する際、その椅子を4人の男に掲げさせて歩かせた。そして途中で馬を降りると、その椅子に腰掛けて見せた。

その年の夏、安土を訪れたヴァリニャーノを歓待した信長は、彼らの出立を遅らせ盆の行事に招いた。それは色とりどりの豪華な提灯で、七層の天守閣をライトアップするという、華麗な光のショーであった。

武田氏を完全に滅ぼした後、毛利討伐に向かうはずだった

天正10年(1582)、もはや日本国内に信長の持つ強大な軍事力に対抗できる勢力はない。2月、遂に信長は甲斐への本格的侵攻を開始する。遠征軍は10万を超える兵力で、武田方の多くは戦わずして降伏してきた。唯一抵抗したのは、仁科盛信が守る高遠城だけであった。結局、武田勝頼は一門、家臣らに見放され3月11日、甲斐都留郡田野で滝川一益により討ち取られた。

結局、武田家討伐の戦闘に信長自身は参加していない。帰路は富士山を見物しながら、悠々と安土に向かっている。5月15日になると駿河国加増の礼と甲州征伐戦勝祝いを述べるため、徳川家康が安土城を訪問する。饗応役に明智光秀が選任。途中、備中で毛利と対陣中の秀吉への援軍として、光秀を向かわせることにし、居城の亀山城へ帰してしまった。こうして本能寺の変へのカウントダウンが始まったのである。

コラム　やがて信長は自らを神格化し始める…

最初、信長を手放しに誉め称えていたフロイスであるが、後年は自らを神格化しようとしている、という理由から信長を批判的に扱っている。本能寺で倒れる直前、民衆に自らの誕生日に安土城内の総見寺に参拝するよう求めたというのだ。しかしその時フロイスは、九州に滞在していたので、あくまで聞き書きではある。

信長や秀吉も気に入ったフロイスたちが日本に持ってきたモノ

信長や秀吉も気に入った

ビロードのマント

写真は秀吉所蔵のもので、滑らかな光沢感と柔らかな手触りが特徴。戦場でも南蛮鎧と共に自ら身につけるほど、信長も気に入っていた。

名古屋市秀吉清正記念館蔵

当時は珍鳥とされていた

孔雀の尾

当時の日本では珍しかった、美しい孔雀の尾。将軍足利義持への献上品として、ゾウと共に日本に上陸した。

銅製より反射の優れた

ヨーロッパの鏡

当時のヨーロッパの鏡はガラスでできていた。銅製を使っていた当時の日本人は、銅製よりも鮮明に映るガラス製の鏡に驚いたであろう。

日本人には目が4つあるように見えた

眼鏡

ザビエルが大内義隆に贈ったと伝わる。当時日本には眼鏡がなかったので、眼鏡をかけた宣教師は怪物のように見えたという。

時間計測の手段として重宝した

砂時計

航海時や教会の説教時など広く使われていた。信長や将軍足利義輝に献上されたと伝えられている。

信長も感動した
金平糖(こんぺいとう)

砂糖菓子のひとつ。江戸時代の百科事典「和漢三才図絵」には「糖花」として絵入りで紹介されている。フラスコに入ったコンフェイト(金平糖)を献上したといわれる。

蜂鑞が使われていた
洋式ロウソク

永禄12年（1569)に、フロイスが信長にフラスコに入れた金平糖と共にロウソクを数本贈ったことが、フロイスの「イエズス会日本通信」のなかに残されている。

地球儀から世界を見据えた信長

地球が丸いことを日本人で一番最初に理解したのは織田信長、と伝わる話はあまりに有名だ。確かに、信長が地球儀を所有し、世界に並々ならぬ関心を持っていたことは確実である。天理大学付属天理図書館に現存している「フォペルの地球儀」は、フロイスが信長に献上したものと同型と伝わっている。また天正8年(1580)、信長は地球儀の説明を3時間も受け、感銘を受けた。それは信長が世界進出を視野に入れていた証拠であり、フロイスにも「(信長公は)日本六十六カ国の絶対君主となった暁に、シナ(現・中国)を武力で制圧し、諸国を息子たちに分け与える予定であった」と『日本史』に書かれている。信長は小さい日本では収まらぬ、大きな野望を胸に秘めながら、地球儀を回していたのかもしれない。

様々な砂糖菓子の原型
有平糖(あるへいとう)

砂糖菓子。有平糖はポルトガル語のalfeloa(アルフェロア)からきている。現在は様々な形で売られている。

日本にはなかったデザインの逸品
ベンガル産の藤杖

ベンガルとはインドとバングラデシュを含む地域。文久3年(1863)フランスに派遣された遣欧使節団が使用する姿が写真に残っている。

秀吉も食べたと伝わる
カステラ

元々はスペインのお菓子で、修道院でよく作られていた。秀吉も大変気に入り、日本で初めて作った商人を長崎の代官にしている。

「南蛮笠」などと呼ばれた
西洋の帽子

フロイスが最初に信長に謁見した時、贈った4つの品のうち唯一黒いビロードの帽子を信長が受け取ったと伝えられている。

正確な時刻がわかるようになった
機械時計

フロイスが信長に献上した時、非常に喜んだが「こちらで動かし続けるのは非常に難しいから」と言って受け取らなかったと伝えられている。

終章　秀吉による天下統一と迫害

フロイスが見た信長亡き後の日本
秀吉による天下統一と迫害

親しく宣教師らを招いて自慢の大坂城を自ら案内する

「彼は身長が低く、また醜悪な容貌の持主で、片手には六本の指があった」(『フロイス日本史』より 松田毅一・川崎桃太訳 中央公論社・以下同)

フロイスが羽柴(豊臣)秀吉に向ける目は、最初から厳しいものがあった。容姿を語るだけでも、好意が感じられないのだから。そのような人物が織田信長亡き後、天下取りレースの先頭を突っ走り始めたことに関して、フロイスの心境も複雑であったと思われる。

とはいえ最初はあふればかりの好意を抱いていた信長に対して、後年は「傲慢さと尊大さは非常なもの」と、批判的に捉えているのだから、後々評価が変わって来ることもあるのかも知れない。そう考えて先に進んでも、秀吉に対する評価は悪くなりこそすれ良くはならない。その大きな要因は、やはり九州征伐の帰路に出した「バテレン追放令」に拠るところが大きいと思われる。

ただ追放令が出される直前まで、秀吉と伴天連たちは友好関係を保っていたのである。フロイスは信長に招待された安土城に関して、詳細な記述を残しているが、秀吉の大坂城に関しても、同じように詳しい記録を残している。居城をつぶさに見せているということは、秀吉と伴天連との間は友好的だったと考えられる。

「その城郭は、厳密に言えば五つの天守から成っていた。(略)内部に多くの屋敷を有するはなはだ高く豪壮な諸城である。それらのうちもっとも主要な城に秀吉が住んでおり」(『フロイス日本史』より)

という具合に、秀吉が住んでいた場所まで特定しているのだ。秀吉はむしろ、伴天連を積極的に支援していたふしすら感じられるのだ。秀吉は信長同様、大坂城を訪れた副管区長や修道士たちを自ら先頭に立ち、八階の高層まで案内したのであった。さらに秀吉自慢の黄金の茶室まで披露している。

秀吉包囲網が構築されるも機能することなく敗れる

宣教師たちに大坂城を自慢げに案内した頃の秀吉は、けして盤石な体制を築いていたわけではない。九州や東北方面といった遠方の諸大名だけでなく、東海の徳川家康や関東の北条氏政など、秀吉に従おうとしない有力大名が存在した。

そしてついに秀吉と家康がぶつかることとなった。天正11年(1583)、信長の二男である織田信雄《のぶかつ》が、秀吉によって安土城を退去させられた。以来、ふたりの関係は悪化していく。信雄は徳川家康と同盟を組み、秀吉に対抗する姿勢を見せた。さらに天正12年(1584)3月6日には、秀吉と好を通じていた3人の家老を成敗してしまったのである。

それに激怒した秀吉は出兵を決定。4月になると秀吉は犬山の楽田、家康は小牧山に陣を敷いた。睨み合いが続くばかりでは埒が明かないので、秀吉軍の別働隊が家康の本拠岡崎に向けて侵攻。それを察知した家康軍との間で、長久手の地を舞台に激突したのであった。この戦いで秀吉方は池田恒興《つねおき》・元助《もとすけ》父子、森長可《ながよし》といった有力武将を失う。一方、長久手での戦いに勝利した家康は、悠々と小牧山に戻り、対陣の姿勢を崩さなかった。

この戦いに関しても、フロイスはかなり詳しく記載している。それには「秀吉は幾人かの城主宛に降伏を勧告した。城主たちは主君である家康に報告。家康は秀吉に降

フロイス顕彰碑
二十六聖人殉教碑

慶長元年（1597）12月、秀吉の命により処刑された26人のカトリック信者、修道士を顕彰する碑。日本人だけでなくスペイン人やポルトガル人も含まれる。撮影◎上永哲矢

伏すると見せかけ、秀吉軍を自国領に深入りさせこれを叩く」というような、かなり突っ込んだ内容もある。

結局、この戦いは11月12日になり、秀吉が信雄に和睦を申し入れ、信雄はこれを受けてしまう。信長の後継者の資格を持つ信雄を助けるという名分を失った家康も、秀吉との和睦に応じた。

じつはこの時、家康側は紀州の雑賀衆・根来衆、四国の長宗我部元親《ちょうそかべもとちか》、北陸の佐々成政《さっさなりまさ》、関東の北条氏政らと秀吉包囲網を形成していた。そのため各地で戦いが勃発し、秀吉陣営を大いに苦しめていた。

だが信雄、家康共に秀吉とそれぞれ単独講和してしまったため、紀州の雑賀衆・根来衆や四国の長宗我部元親らは孤立し、やがて秀吉に制圧された。翌天正13年（1585）7月、秀吉は関白となり、全国統一に弾みをつけた。一方の家康は、ゆくゆくは秀吉の臣下となるも、その政権下で別格の地位を保ち、徳川政権樹立の足がかりを固めていった。

フロイスは信雄が領有していた3国のうちの1国半を失い、家康は息子のひとりが人質として秀吉の元へ送られたということを、かなり正確に記している。

九州遠征の際に出されたバテレン追放令の影響

秀吉の統一事業の舞台は九州へと移った。天正6年（1578）、耳川の戦いで島津氏に大敗を喫した大友宗麟は、早くから信長、続いて秀吉に助けを求めてきていた。関白となった秀吉は、朝廷の権威をもって島津義久《よしひさ》に停戦を命じたのである。だが今一歩で九州全土を攻略できると考えていた義久はこれを無視。秀吉による九州征伐の口実を与えた。

戦いは天正14年（1586）から始まり、その年の戸次川《へっつぎ》の戦いでは、遠征軍が島津家久に大敗を喫してしまう。そこで秀吉は翌天正15年、自ら20万の大軍を率いて九州に遠征。瞬く間に島津軍を圧倒し、義久は頭を丸め恭順の意を示した。

秀吉の九州征伐に関して、フロイスは「金を積んだ五頭の馬と、絹と刺繍でふちどられた衣で掩われた三十頭の馬、および立派な馬具で装飾された八頭の馬が右側を行き、見事に手入れされた百五十頭の馬が前の方を進んだ」と記す。この文章からは、自らがいかに偉大であるかを広く知らせしめるため、必要以上に豪華な行軍であったことが伺い知れる。

秀吉は九州平定後、住民を強制的にキリスト教へ改宗させる、地域の神社仏閣を破壊、さらにポルトガル人が日本人を奴隷として売買する、という行為が九州各地で行われていることを耳にする。驚いた秀吉は、イエズス会準管区長ガスパール・コエリョを呼びつけ詰問した。この時のコエリョによる軽卒な行動も、バテレン追放令を下す要因となった。

とはいえ南蛮貿易を重視していた秀吉は、キリスト教自体を厳しく禁じることはなかった。そのため一時期は行動を控えていたイエズス会の宣教師たちは、やがて布教活動を再開している。

再三の上洛要請にも従わず、真田昌幸の名胡桃《なぐるみ》城を勝手に奪取した北条氏に対し、天正18年（1590）になると秀吉は、20万の兵を動員しこれを攻め滅ぼした。これにより秀吉の天下統一事業はほぼ完成されたのである。

その後、秀吉は大陸に進軍するという無謀な夢に取り憑かれる。そんな秀吉の夢想に対し、フロイスは「日本人はもともと他国人と戦争をするようには訓練されていない。支那への順路も航海術も、征服しようとする敵方の言語や地理さえ理解していない」と分析し、戦う前から敗北を予測。文禄の役の不幸を嘆いたフロイスであったが秀吉の死後、遠征軍が塗炭の苦しみを味わった結末を語ることはなかった。彼自身、秀吉が世を去る1年前、天に召されたからである。

キリスト教は禁じられ貿易も限定された江戸時代

豊臣秀吉が没した後、実権を握ったのは徳川家康であった。家康は当初、キリスト教を黙認していた。慶長8年（1603）に征夷大将軍となり、江戸に幕府を開いた後もとくに目立った迫害は行っていない。将軍職を秀忠に譲り、大御所として駿府に移った後の慶長11年（1607）には、イエズス会員のフランシスコ・パジオを引見し、宣教師の滞在や布教を許している。家康からすれば宣教師やキリスト教を排除する理由はない代わりに、積極的に保護する理由もなかったわけだ。

慶長5年(1600)に漂着したオランダ船リーフデ号の航海士ウィリアム・アダムスやヤン・ヨーステンは、その後家康に仕えている。家康は彼らから古い強国のスペインやポルトガルに対し、新興国のオランダやイングランドが追い上げている、という最新の欧州事情を知らされた。

さらにプロテスタント国家であるオランダは、キリスト教を伴うことのない貿易も可能だと申し込んで来た。貿易の実利を優先的に考えていた家康は、欧州の状況も含めオランダとの関係を深めた。慶長12年(1612)のキリシタン同士の疑獄事件が発覚後、家康は諸大名や幕臣へのキリスト教の禁止に踏み切った。

本能寺の変と覇王の死 その足跡を訪ねる

信長49年の生涯の呆気ない幕切れ

織田信長終焉の地である本能寺。『日本史』のなかでフロイスは「信長が都に来るといつも宿舎とする法華《ほっけ》宗の一大寺院」と紹介している。

この本能寺は室町時代の初期にできた寺で、信長が京に君臨していた頃の住職・日承聖人《にっしょうしょうにん》は皇族の出身だった。勤皇家であり、朝廷とのつながりを持ちたかった信長は日承上人を通じて朝廷に献金するなどしており、その縁から京都での常宿としてよく利用していたという。

天正10年（1582）5月29日、信長は安土城から京都へ移動し、小姓衆と共に本能寺へ入る。公卿との面会や朝廷との交渉が目的で5日間の滞在予定であったという。6月1日には茶会を開き、有力な公卿・僧侶らを招いて自身が所有する自慢の茶器を多数披露した。

来訪者が絶えない現在の本能寺。信長の時代とは場所が異なる。

夕刻から酒宴となり、近隣の妙覚寺《みょうかくじ》にいた息子の織田信忠や村井貞勝が寺を訪れ、酒を飲み交わしている。酒宴が御開きになった後も、引き続いて本因坊算砂《ほんいんぼうさんさ》と鹿塩利《かしおり》賢《げん》の囲碁の対局を見るなど、かなり遅くまで信長は起きていたようだ。

1万3000人からなる明智光秀の軍勢のうち、3000人が寺を取り囲んだのは6月2日の午前4時頃である。今の暦(西暦)でいえば7月1日、夜が白みかけてくる時間だ。

「間もなく銃声が響き、火が我らの修道院から望まれた。次の使者が来て、あれは喧嘩ではなく明智が信長の敵となり叛逆者となって彼を包囲したものだと言った」(『日本史』より)

この時、フロイスは九州肥前におり、事件を直接目撃したわけではない。だが本能寺から250mほど離れた南蛮寺には多数の者たちが起居し、その日は早朝のミサが行われる予定で、多くの者が早くから起きていた。様子を見た同志から、フロイスは事の次第を聞いたようだ。

火が起こるまではそれが誰も明智軍による謀叛であると気付かなかった。小姓衆や僧侶、女たちがいるだけの本能寺はまったくの無警戒であり、明智の将兵は拍子抜け

上／本堂裏手に建つ信長廟所。連日大勢の参拝客が訪れ信長を偲ぶ。下／信長廟の後方に建つ信長の墓碑。信長の三男・信孝が建てたとされ、「信長公」の文字が刻まれる。傍らに本能寺の変で戦死した人々も祀る。

大本山 本䏻寺

だいほんざん ほんのうじ

京都市中京区寺町通御池下ル下本能寺前町522　TEL:075-231-5335　宝物館（通常）500円

するほどやすやすと門内へ入ったという。

「(兵たちは)ちょうど手と顔を洗い終え、手拭で身体をふいている信長を見つけ、ただちにその背中に矢を放ったところ、信長はその矢を引き抜き、鎌のような形をした薙刀という武器を手にして出て来た。そしてしばらく戦ったが、腕に銃弾を受けると自らの部屋に入り、戸を閉じ、そこで切腹したと言われ、また他の者は、彼はただちに御殿に放火し、生きながら焼死したと言った」

信長の毛髪も骨全て灰燼と化す

「火事が大きかったので、どのようにして彼が死んだかはわかっていない。我々が知っているのは、その声だけでなく、その名だけで万人を戦慄せしめていた人間が、毛髪と言わず骨と言わず灰燼《かいじん》に化さざるものは一つもなくなり、彼のものとしては地上に何ら残存しなかったことである」とフロイスはこの事件を結んだ。

現在、寺町御池《てらまちおいけ》に建つ本能寺は、当時の建物ではないばかりか、位置まで変わっている(地図P177)。

「本能寺の変」から4カ月後の10月には本能寺十四代の日衍《にちえん》聖人が大旦那の豊臣秀長

京都 信長ゆかりの寺院

鞍馬
北大路
一乗寺
大徳寺
(総見院)
叡山電鉄本線
加茂川
高野川
船岡山公園
建勲神社
下鴨神社
茶屋街
鞍馬口
妙覚寺
称念寺
妙蓮寺
元田中
阿弥陀寺
相国寺
阿弥陀寺跡
大報恩寺
今出川
出町柳
浄福寺
京都大学
吉田山
烏丸線
京阪鴨東線
報土寺
京都御所
京都府庁
嵯峨嵐山
二条城跡
鴨川
神宮丸太町
京都市役所前
平安神宮
二条城
妙覚寺跡
三条京阪
岡崎公園
二条新御所跡
山科
二条
東西線
二条城前
烏丸御池
本能寺
東山
山陰本線
三条
明智光秀の首塚
南蛮寺跡
河原町
知恩院
本能寺跡
烏丸
大宮
阪急京都線
祇園四条
八坂神社
四条
大雲院跡
京福電鉄嵐山本線
四条大宮
正伝永源院
大雲院
高台寺
建仁寺
丹波口
京都
清水五条
0
N
500m

(秀吉の弟)に頼み、その計らいで再建にかかる。しかし、京都の都市改造を計画していた秀吉は、元の場所ではなく寺町御池へ移転を命じた。そして本能寺は10年後に現在地に再建されたのである。

「本能寺の変」後、信長の三男・信孝が建てた信長の墓碑も移転の際に移設され、現在は本能寺の本堂裏手にある信長廟の後方に祀られている。また、本能寺には信長が愛用した太刀や茶器、書状などが数多く伝わっている。信長の時代も含め、都合5度に及ぶ焼失、7度の再建を繰り返してきたが、そのなかで守り抜かれてきた宝物が多く残っているのは喜ばしいことだ。災禍のなか、先人たちが命を賭けて守り抜いた宝物の数々は、数奇な運命を辿った本能寺の歴史の証人といえよう。

遺体を密かに埋葬したといわれる阿弥陀寺の信長真墓

フロイスは「信長は毛髪も骨も灰燼に帰した」と書いた。太田牛一の『信長公記《しんちょうこうき》』でも遺体については触れず、明智光秀は信長の遺体を発見できなかったというのが通説だ。

しかし、京都市上京区の阿弥陀寺に残る『信長公阿弥陀寺由緒之記録《のぶながこうあみだじゆいしょのきろく》』によれば、

織田家（織田木瓜）旗印
阿弥陀寺蔵

蓮台山
捴見院 阿弥陀寺

れんだいさん そうけんいん　あみだじ

上京区寺町通今出川上ル鶴山町14
境内は自由　※本堂内非公開

阿弥陀寺は浄土宗の寺院。大正6年に宮内庁調査により、阿弥陀寺の信長公墓が本廟所であると確認され勅使の来訪があったという。毎年6月2日の信長忌の日のみ堂内拝観が可能。

信長の遺体はあり、それを見た者がいたという。信長は自害する直前、側近たちに自分の遺体を敵に晒さぬよう命じた。それを聞いた側近たちは自害した信長の遺体を運び出し、藪の中で火を起こし、荼毘に付そうとしていた。そこへ、本能寺の変を聞いて僧徒20人ほどを連れて駆けつけてきた阿弥陀寺の住職・清玉上人《せいぎょくしょうにん》が通りかかった。

当時、阿弥陀寺は京都における織田家の菩提寺だった。清玉上人はその開山であり、織田家と深い縁があった。信長の庶兄・織田信広が初陣の際、身重だった清玉の母が、不憫にも苦しむところを助けようとするも死去した。しかし、その胎内の子に息があると薬師に聞き、その子を救おうと薬師に処置を命じ、子を取り上げた。この世に生を受けたその子こそが後の清玉上人である。

織田家にて育った清玉は仏門に入り、織田家の庇護を受けて修行を積んだ。後には正親町天皇の帰依を受けて東大寺勧進職を命じられるほどの高僧となる（東大寺文書の信長寄進文には清玉上人宛てとある）。また、信長の帰依も厚く、織田家の京都における菩提寺として阿弥陀寺を整備、清玉を開山として自身の院号「捴見院」を冠している。

「それほどの因縁のある清玉上人だからこそ、森蘭丸をはじめ近習の武士は地獄に仏を見るがごとく清玉上人に信長の遺骸を託したのでしょう。四方は敵だらけ、武士たちは信長公の遺体を運び出すことは難しいので、後の処理を上人に頼んだのです。明智軍はよく訓練されていましたから、僧侶や女性を襲ったりしません。そこで清玉上人の一行は遺体を埋め、信長の首だけを法衣に包み、本能寺の僧徒らが逃げるのに紛れ運び出したと思われます。そして阿弥陀寺の土中深く隠し、ほとぼりが冷めてから墓を建て、手厚く供養したのです」

そう語るのは阿弥陀寺三十二世若山泰應住職である。この寺にはそれらの話が真実であることを物語るかのように、信長・信忠親子の木像および信長の位牌や本能寺・二条城において討ち死にした信長・信忠をはじめ百余名の法名・俗名を記した合同位牌が

織田信長木像《おだのぶながもくぞう》

信長の一周忌にあたって造られたものと伝わる。作者は不明だが、没後1年の彫像ゆえに、信長を知る人が造ったかもしれず、生前の面影をよく宿している像とみられる。阿弥陀寺蔵

あり、ほかに本能寺の変にて信長が使用したと伝わる手槍先や信長の弓懸などがある。

また墓地には信長・信忠の墓をはじめ森蘭丸などの墓十数基、および討死衆の合祠墓、信長の墓の裏には織田信広の供養塔がある。清玉は本能寺の変当日、明智光秀に会い許可を得て本能寺・二条城にて討ち死にした織田家家臣百余名の遺骸を阿弥陀寺に運び、信長と共に弔い墓を建て供養したという。

つまり、ここが信長の「真

大徳寺総見院の衣冠帯刀の信長の木造座像。信長の等身大とされ、高さ115cmもあり、秀吉が当時一級の彫師・康清に造らせただけあって風格が漂う。大徳寺総見院蔵

墓」ということになるが、この寺も本能寺と同様に秀吉によって移転を命じられ、今は当時とは違う場所に建つ。

本能寺の変の後、明智光秀を討った豊臣（羽柴）秀吉は信長の後継者であることを世に示すため、葬儀を主催したいと考えた。秀吉もまた、信長の遺体を本能寺の焼け跡から探したのだが、どうしても見つからない。やがて、阿弥陀寺に信長の遺体が葬られているということを聞きつけると、清玉上人に「阿弥陀寺にて信長公の葬儀を行いたい。ついては300石の御位牌代を納める」と、もちかけたという。ところが、「す

上／総見院の開祖は千利休の師でもあった古渓宗陳（こけいそうちん＝上写真）。秀吉が信長の葬儀を行った際にも導師を務めた。下／加藤清正が朝鮮から持ち帰った石で造ったと伝わる古井戸。

大徳寺 総見院

だいとくじ そうけんいん

京都市北区紫野大徳寺町59
境内非公開。春・秋に特別公開期がある

大徳寺総見院の境内にある織田一族の墓地。信長・信忠・信雄・英雄・秀勝・信高・信好のほか正室の帰蝶（濃姫）、側室お鍋の方の墓碑が建つ。秀吉公認のため立派な造りが特徴。
撮影◎上永哲矢

でに葬式は済ませている」と上人は断り、その後も再三の申し出を拒否した。

「信長の葬儀は、秀吉にとって天下人になるためのパフォーマンスなのです。魂胆がわかっていたのでしょう。織田家に強い恩義のある清玉上人には耐えられなかった。なぜか秀吉もそれ以上は無理強いしていませんが、3年後に清玉上人が亡くなると、当時の墓所からその由緒を消し去るがごとく、現在地に規模を縮小し移転させました。そして『信長公記』には清玉上人や阿弥陀寺の記実が見当たりません」と若山住職は語ってくれた。

信長葬儀を主催した天下人の執念

公式的な歴史の記録では、秀吉は信長の葬儀を大々的に行っている。信長の四男で秀吉が養子に迎えていた羽柴秀勝を喪主に立てはしたが、事実上は秀吉が主催した葬儀である。

だが、先の事情により信長の遺体はどこにもない。よって秀吉は苦肉の計として信長の木像を2体造らせ、1体を遺体に見立てて棺に納めた。

「あらゆる階位の僧侶たちが棺に伴い、その豪壮華麗な行列は、都の外れ一里の地にある紫の僧院（紫野大徳寺《むらさきのだいとくじ》）まで赴いた。そこで信長という王者の風格があり優れた人物にふさわしい葬儀が営まれた。秀吉はまた、信長のために別の小さな僧院（総見院）をつくらせたが、それは見るに値する珍しいものであった。さらに秀吉は信長の胸像を造らせ、公家の衣装を着させて祭壇上に安置せしめた」（『日本史』より）

フロイスの記録にもこうあるように、秀吉が信長の葬儀場として選んだのは、当時から日本有数の名刹として知られた大徳寺であった。10月初旬から17日まで7日間もの葬儀を執り行い、京都中から数千人の僧侶が集まった。その費用は1万貫、精米千石が大徳寺の納所に渡されたという。15日は大徳寺から火葬場の蓮台野《れんだいの》に向けて葬列が組まれ、将兵1万人が警護にあたった。信長の棺は金紗金欄に包まれるなど壮麗に飾られた。火葬した際には町中に香木の匂いが漂ったと伝わる。

織田一族の弔いで秀吉が建てた総見院

その後、秀吉は信長の追善菩提の場として大徳寺内に塔頭寺院《たっちゅうじいん》(小院)として総見院を建立し、位牌所とした。また秀吉は、先に造らせた信長の木像のうち、残り1体をここに安置した。慶派の仏師、康清《こうせい》によって作られたもので高さ三尺八寸(約115cm)もある等身大の木像は、現在も本堂に置かれている。

フロイスが「見るに値する珍しいもの」と記している通り、当時は広大な境内に豪壮な伽藍《がらん》が立ち並んだというが、明治時代の廃仏毀釈《はいぶつきしゃく》によって、その多くが失われてしまい、現在は小ぶりな寺院となっている。それでも表門、土塀など、創建当時の建物がわずかに残っている。ここにも信長をはじめとする織田一族の墓地があり、信長の正室・帰蝶《きちょう》や側室・お鍋の方も祀られている。

本殿の手前に建つ神門（祝詞舎）を背景に境内を案内する宮司の松原宏さん。織田信長を祭神とし、子の織田信忠を配祀。国家安泰・万民安堵の大生の神を御神徳とする。

建勲神社

けんくんじんじゃ／たけいさおじんじゃ

京都市北区紫野北舟岡町49
TEL:075-451-0170
境内自由　無休

大徳寺総見院が天下人・秀吉の手によって織田家の織田氏の宗廟となり、手厚く保護されたのに対し、秀吉に冷遇された阿弥陀寺の存在は『信長公記』などにも記されることがなく、人々に忘れられていった。まさに歴史の皮肉といえよう。だが、本能寺で信長と共に亡くなった森蘭丸の子孫らは誰に憚ることなく、阿弥陀寺に毎年、銀

上は境内の織田有楽斎の墓。それを解説する真神啓仁副住職。正伝永源院は本来、「正伝院」と「永源庵」という別の寺院だったが、室町時代に正伝院は荒廃し、織田有楽斎により再興され茶室「如庵」が建てられる。明治時代に永源庵が廃寺となるが、正伝院と合併し、正伝永源院と改め現在に至る。

撮影◎上永哲矢

正伝永源院

しょうでんえいげんいん

京都市東山区大和大路通四条下る四丁目小松町586　境内非公開。春・秋に特別公開期がある

や布などを寄進した。そのおかげで阿弥陀寺は寺として命脈を保ち得たという。

死して神になった信長逃げのびた信長の弟

秀吉は大徳寺総見院の建立だけに留まらず、葬儀場に近い船岡山《ふなおかやま》にも寺を建立して信長像を安置しようとし、正親町《おおぎまち》天皇より天正寺の寺号を賜っている。だが竣工には至らず、小さな祠が置かれるに留まったが、船岡山は「信長公の霊地」として、江戸時代に至っても保護された。

「江戸時代が終わり、明治天皇が信長公の御偉勲に対して神社創立の宣下を出されたのです。明治8年(1875)に船岡山に社地を賜り、明治13年に社殿が造営されました。社殿は山麓にあったのですが、明治43年に山上へ移って今に至ります」

そう語るのは建勲神社《けんくんじんじゃ》十二代目の宮司にあたる松原宏さんである。神社では毎年10月19日、信長が初めて上洛した日に合わせ「船岡大祭」が行われ多くの人が参列する。

「信長公は当社に神として祀られていますが、参拝に来られる方は人間としての信長公を非常に尊敬しておられます。人間50年という信長公が好んだ『敦盛』の一節、それを体現した信長公の人生に憧れを抱く方が多くいらっしゃるようですね」

本能寺の変の後、天下の実権が織田一族ではなく秀吉の手に渡ってしまったのは、信長のみならず息子の織田信忠までもが討死したことだろう。信忠は本能寺からそう遠くない妙覚寺に宿泊していたが、ここにも明智の兵が押し寄せたため、妙覚寺を出て二条新御所へ移り、そこで必死の防戦の末に倒れた。この時、信長の弟の織田有楽斎《うらくさい》も二条御所にいたが、有楽斎はいち早く現場を離れ、見事、岐阜への脱出に成功している。

兄や甥が戦死したのに、自分が逃げ延びたことで嘲笑されることもあったようだが、有楽斎は豊臣秀吉と秀頼、徳川家康に頭を下げ続け、己の道を生きた。その有楽斎が晩年に隠棲し、再興したのが正伝院《しょうでんいん》である。正伝院は現在、永源庵《えいげんあん》と合併し、正伝永源院として続いている。その庭園に有楽斎は夫人や娘らと共に静かに眠っている。

織田信長という最大の庇護者が倒れた後、フロイスたちイエズス会の宣教師らにとって受難の時代となった。次代の秀吉や家康は徹底したキリシタン弾圧政策へと移行。日本における布教活動は頓挫する。信長というひとりの人間の死が、多くの外国人や異教徒たちの運命を変えた。その影響力がいかに大きかったかが窺い知れよう。

さて、信長が最期を遂げ、焼け落ちてしまった本能寺はその後どうなったのか。秀吉が信長の仇を討ったあと、本能寺跡地では信長の供養が行われ、離散していた僧侶たちも戻ってきたという。その後、一時的に寺は再興されたが、「変」から10年後の天正19年(1591年)、秀吉が京の町の改造を行い、寺町通りの東に寺院を集結させた。その際、本能寺も移転を命じられて現在の寺域(中京区下本能寺前町)に移ったのである。当時は現在の京都市役所のあたりまでを含む広大な寺域であった。

一方、元々本能寺があった場所は住宅地となった。現在も住宅地であり、住所表記では中京区の「本能寺町」「元本能寺町」「六角油小路町」あたりに該当する。やはり、相当に大規模な寺院だったようだ。その敷地には民家やオフィスなどが建ち並び、その一角に「本能寺跡」の碑がある。ただ、観光地にはなっていないため、何かを期待して訪ねるとガッカリするだろう。観光客で賑わう京都にあって、ごく普通の住宅街であり、静かに信長を偲ぶには程良い環境といえるかもしれない。

信長の戦いを検証す！

従来までのスタイルに変革をもたらした画期的な戦闘方法とは？

検証1 思いのほか負け戦も多かった信長の合戦履歴

前半生は苦渋の戦も多く覇王の片鱗すら感じられず

織田信長と聞けば戦国の世に革新をもたらし、無敵の軍団を作り上げた武将、というイメージを抱く人が少なくはないであろう。だが意外にも負け戦の数も多いのである。197ページの表を見ればわかるように、特に若い頃は負けが込んでいた。

にもかかわらず信長が戦に勝ってばかりいる印象があるのは桶狭間の戦いや長篠の

戦いのように、勝ち戦が派手だったからだろう。そんな信長は若い頃〝うつけ者〟と家中から馬鹿にされていた。それでも父の信秀が存命中は、今川氏との戦いにしばしば出陣していた。信秀が死んで家督を継ぐと、一族との間でも度々争いが勃発。しかし若い頃の信長は、これらを力でねじ伏せるだけの実力が備わっていなかった。

だが弟である信行の2度にわたる謀反を素早く抑え込んだことで、戦国武将としての資質の高さを周囲に知らしめた。信行に従っていた柴田勝家らの部将も、すっかり信長に心酔してしまう。そして尾張の実権を掌握した時、駿河・遠江・三河を領する大大名、今川義元が4万ともいわれる大軍で、織田領内に進撃して来たのである。

この今川の大軍を、わずかな兵で急襲。義元の首を挙げた桶狭間の戦いは、誰もが思いもよらなかった大番狂わせであった。これで信長の名は、一躍世間が注目するものとなった。戦いの後、今川家から独立して三河を治めることとなった松平元康（後の徳川家康）と同盟。東からの脅威を取り去ったのである。

信長はその後、義父の道三を殺害して美濃の国主となった斎藤義龍《よしたつ》へ矛先を向けた。だが桶狭間で劇的勝利が忘れ去られるほど、織田軍は斎藤軍相手に苦戦している。結局、義龍が病死し子の龍興《たつおき》が後を継ぐまで、美濃攻略の糸口も掴めずにいた。

織田信長という武将の名を天下に知らしめた「桶狭間の戦い」。今川義元の大軍をわずかな兵で破った、世紀の大番狂わせであった。

義龍亡き後、信長はようやく斎藤氏に対して優位に立つことができるようになった。そして永禄10年（1567）、斎藤龍興を伊勢長島に敗走させ、尾張と美濃を領する大名の地位を獲得する。桶狭間で奇跡的な大勝利を収めてから、実に7年もの歳月を要しているのだ。

美濃を手中に収めた信長は、斎藤氏の居城であった稲葉山城を大々的に改修、名前も岐阜城に改めた。この頃から、信長は「天下布武」の朱印を

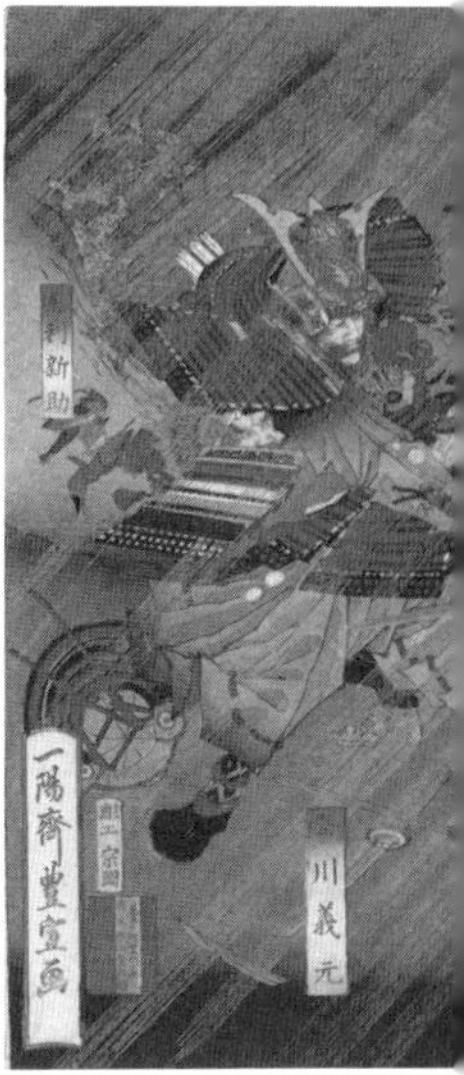

使用するようになった。明確に天下統一を目指すようになったのである。そして信長の戦績もようやく上向きになっていった。

それからの信長の活躍は目覚ましいものがある。越前朝倉家に身を寄せていた足利義昭を迎えると、北近江を領していた浅井長政に妹の市を嫁がせ同盟を結ぶ。そして南近江の六角氏を撃退して義昭を都に返り咲かせ、足利十五代将軍に据える。

その後、信長の勢力が拡大するにつれ、それをよしとしない大名や寺院、そして将軍義昭らが、強力な包囲網を形成し信長に挑んだ。この時もけっこう負け戦を演じている。ただし、どれも致命的な敗北には至っていないし、一度負けた相手には次の戦で仇を討っている。

武田信玄という最強の敵が病死すると、信長は電光石火の早業で包囲網を次々に撃破してゆく。浅井氏と朝倉氏を滅ぼし、長島の一向一揆を鎮圧。さらに三河長篠で武田勝頼に大勝し、武田家の脅威を取り除く。それでも天正4年(1576)になると、足利義昭の策動により、3度目の信長包囲網が構築される。それ以後、味方であった波多野秀治や荒木村重、松永久秀らが信長に反旗を翻している。さらには武田信玄亡き後、信長が最も恐れていた越後の上杉謙信も包囲網の一翼を担っていたのだ。そのような状況ではあったが、11月には正三位、内大臣へと昇進している。

翌天正5年になると、信長はまず紀州の雑賀衆を討伐するために出陣。頭領の鈴木孫一らを降伏させた。そして信長を裏切り居城の信貴山城に籠った松永久秀に対しては、嫡男の信忠を総大将とした軍を送り攻め落とさせた。北陸方面では柴田勝家の軍が上杉謙信の巧みな攻撃に苦戦。加賀南部を上杉方に攻略されてしまう。だが天正6年(1578)3月13日、謙信が突然病死するという、信長にとっては武田信玄に攻められた時と同じような幸運に助けられた。実子のいなかった謙信は、後継者を定めていなかったため、上杉家では養子同士の跡目争いとなる。その隙に織田軍は体制を立て直し、北陸各地で上杉軍を圧倒するようになった。

こうして信長包囲網は、またしても失敗に終わったのである。これ以後、強大な専

信長と配下の軍の主な合戦

天文16年(1547)	今川義元配下の大浜城を攻める。信長の初陣	勝
天文23年(1554)	今川義元配下の村木城を攻める。	勝
	織田彦五郎の清洲城を攻め、本拠地を移す。	勝
弘治元年(1555)	織田信次配下の守山城を攻める。	勝
永禄元年(1558)	松平家次の品野城を攻めるが敗退する。	負
永禄3年(1560)	桶狭間の戦いで今川義元を討ち取る。	勝
永禄4年(1561)	今川氏真配下の梅ヶ坪城、伊保城を攻める。	引
	斎藤龍興の稲葉山城を攻めるも敗退。	負
永禄5年(1562)	織田信清の小口城を攻めるも敗退。	負
永禄6年(1563)	新加納で斎藤龍興と戦うも敗走す。	負
永禄7年(1564)	犬山城の織田信清を破り尾張を統一する。	勝
永禄8年(1565)	斎藤龍興の宇留摩城攻め。	勝
永禄9年(1566)	斎藤龍興と河野島で戦う。	負
永禄10年(1567)	斎藤氏の居城稲葉山城を奪取。岐阜と改める。	勝
	北畠具教配下の楠木城を攻める。	勝
永禄11年(1568)	六角承禎の観音時城を攻める。	勝
元亀元年(1570)	金ヶ崎城を攻めるも浅井長政の裏切りで敗退。	負
	姉川で浅井・朝倉連合軍と激突。	勝
元亀2年(1571)	一向一揆軍と長島で戦うも敗走。	負
	比叡山を焼き討ちにする。	勝
元亀3年(1572)	美濃岩村城を攻めるも敗退。	負
	徳川・武田の三方ケ原の戦いに援軍を派遣。	負
天正元年(1573)	越前一乗谷の朝倉氏本拠地を攻める。	勝
	小谷城を攻め浅井氏を滅ぼす。	勝
天正2年(1574)	武田勝頼に高天神城を奪われる。	負
天正3年(1575)	長篠の戦いで武田軍に大勝利する。	勝
	美濃岩村城の奪取に成功する。	勝
天正4年(1576)	自らが陣頭指揮を執り石山本願寺を攻める。	勝
	毛利(村上)水軍と木津川沖で海戦。	負
天正5年(1577)	雑賀衆の籠る雑賀城を攻める。	勝
	上杉謙信の軍と手取川で激突。	負
	謀反を起こした松永久秀の信貴山城を攻める。	勝
天正6年(1578)	石山本願寺を攻め敵の領内を放火。	勝
	毛利(村上)水軍と再び木津川沖で海戦。	勝
天正7年(1579)	謀反を起こした荒木村重の有岡城を攻める。	勝
	第一次天正伊賀の乱、土豪連合に敗退。	負
天正8年(1580)	別所長治の籠る三木城を落とす。	勝
	石山本願寺を攻め、和議に持ち込む。	勝
天正9年(1581)	上杉景勝配下の能登七尾城を落とす。	勝
	第二次天正伊賀の乱、土豪連合に勝利。	勝
	秀吉、籠城戦の末に鳥取城を攻め落とす。	勝
天正10年(1582)	天目山の戦い、武田勝頼を滅ぼす。	勝
	上杉景勝配下の魚津城を攻める。	勝
	本能寺の変で自害する。	負
	秀吉、備中高松城を落とす。	勝

従軍隊を有する織田軍は、信長本人が出陣しなくても、各方面に派遣された司令官が、戦いを指揮した。ゆえに多方面で作戦が展開できたのである。まさに向かうところ敵なし、という状態となった。しかし身内である明智光秀の謀反により、あっけない幕切れを迎えたのであった。

フロイスの耳目に触れた合戦に関する記述は興味深い

ルイス・フロイスが信長と初めて顔を合わせたのは永禄12年（1569）、和田惟政に伴われ堺から京の都への帰還を果たした際である。この時、信長はこの異国の若者を品定めするかの如く、ひと言も言葉を発することはなかった。

2度目の対面は信長の方から会いたい旨が伝えられ、フロイスは二条城の建設現場を訪ねている。そこでの両者は、親しく2時間ほど語り合った。以来、フロイスの『日本史』には信長に関する記述が多く見られるようになる。時は戦国時代なので、合戦に関するものも少なくない。

ただしフロイスは実際に戦場に赴くわけではなく、ほとんどが聞き書きになる。そのため、記述の全てが真実とは言い難い。だが逆に外国人であるがゆえ、しがらみに縛られない自由な内容は興味深い。

なかでも「我々(西洋人)の間では馬で戦う。日本人は戦わなければならないときは馬から下りる」と記している。その記述が正しければ、騎馬の機動力を最大限に生かし、戦国最強の軍団と呼ばれていた武田軍の実態は違ったものであったのだろうか。さらに突進して来る武田騎馬軍団を、3000挺もの鉄砲で撃退した織田軍という図式で知られる「長篠の戦い」の様相も、まったく違ったものであったのか。それを知るべく、現地へと足を運んでみることにした。

検証❷

長篠の戦いでの武田騎馬軍団の突撃、鉄砲三段撃ちは本当か⁉

想像を超える発想力の持ち主、信長が発案した鉄砲三段撃ち

兵農分離や最新兵器であった鉄砲を駆使した戦術、それに楽市楽座という画期的な経済政策など。とにかく織田信長という人物には、日本人離れした発想力と実行力が備わっていた。だからこそはるばる海を越えてやって来た宣教師たちを、即座に受け入れることができる感覚を有していたのであろう。

そんな信長の数ある事績のなかでも、後世高く評価されているのが、長篠の戦いにおいて発揮された「鉄砲の三段撃ち」であろう。これは当時の火縄銃は先端から弾を込める先込め式で、1発撃つと弾を装填して再び撃てる態勢になるまで、少なくても30秒はかかる代物だった。

その弱点を補うため、信長は3000挺もの鉄砲を用意し、それを1000挺ずつ3段に分け〈射撃→装填→射撃準備〉を繰り返す。そうすることで、切れ目なく射撃

することができ、武田軍自慢の騎馬隊による突撃を撃破した、というものだ。
しかし近年、三段撃ちに対して「本当にあったのか？」という疑問が多く浮かび上がっている。そこで実際に戦いが行われた愛知県新城市の設楽原《したらがはら》へ足を運んだ。

弾の出土が少ないのは収集されて転売されたからか⁉

「鉄砲の三段撃ちに否定的な人たちからは、鉄砲3000挺による三段撃ちが行われたわりに、戦場から出土した弾の数が少なすぎる、という指摘を受けます。そのため、鉄砲の姿は1000挺ぐらいが妥当ではないか、というのです。当時は鉄砲の弾に使われた鉛の3分の1は輸入に頼っていました。それだけ貴重品だったので、戦闘が終わったら近隣の人たちが拾い集め、どこかに販売したと考えるのが自然です」
古戦場跡に建つ『新城市設楽原歴史資料館』の主任学芸員・湯浅大司氏はこう切り出した。決戦の地となった設楽原はふたつの台地に挟まれた小さな平地で、真ん中に連吾川が流れている。田畑にするのに適した土地なのだ。耕作すれば弾が出てきても不思議ではない。それを集めて売れば、農民にとってはかなりの臨時収入になったはずである。

「それと酒井忠次の別働隊に500挺の鉄砲を持たせています。それを考えれば本隊に残り500挺では少なすぎるでしょう。ほかの合戦と比べると圧倒的に鉄砲の数が多かったという印象で語られていますから、織田・徳川連合軍の鉄砲は、3000挺はあったと思います」

連合軍の戦力は約

長篠合戦図屏風

屏風右端には武田勢が包囲した長篠城があり、中央付近には連吾川が流れている。川を境に右が武田軍、左に織田・徳川連合軍が描かれている。

豊田市郷土資料館蔵

3万8000人であった。その数を信じるならば、鉄砲はおよそ10人に1挺ということになる。約1万5000人の武田方も、500挺の鉄砲を用意。数で勝る連合軍がその2倍では少なすぎるのではないか。そのあたりも含め、現地を歩きつつ検証していく。

長篠の戦いという名で知られているので、織田・徳川連合軍と武田軍が激突したのも長篠城周辺だと思われがち。しかし実際の戦いは、長篠城から西へ3㎞ほどの所にある設楽原という場所で行われた。現在はJR飯田線の三河東郷駅から徒歩で訪れることができる。戦場となった場所は中央に連吾川という小川が流れ、その周囲にさして広くはない平場がある。今もそこは多くが畑となっているので、何となく当時の様子を想像する事ができるだろう。

さらにその両側には、両軍が陣を敷いたとされる舌状台地が続いている。「騎馬軍団対3000挺の鉄砲」という、いかにも派手な戦いの舞台としては、いささか狭く地味な印象を受けてしまう。こうした事も、現地に足を運ばなければわからない。何はともあれ、戦いの推移を追いつつ、現地を歩いてみよう。

ふたつの資料館を巡り、戦いの全貌を掴む

新城市には長篠の合戦に関連する資料館がふたつある。ひとつは決戦地跡に建つ「設楽原歴史資料館」だ。展示の中心は設楽原を舞台に繰り広げられた戦いの経緯、そして火縄銃が果たした役割について、現物を展示しつつ解説する。

もうひとつは戦いの発端となった長篠城内に建つ「長篠城址史跡保存館」だ。こちらは武田勝頼の軍に包囲されつつも、城主奥平貞昌以下500の兵がよく城を守った、籠城戦についての展示が充実。２館共通券は400円。

長篠城址史跡保存館

城をイメージした史跡保存館。籠城戦にまつわる資料を展示。城跡を巡る前に見ておきたい。２館とも９時～17時、火曜と年末年始休。

設楽原歴史資料館

特徴ある外観と火縄銃が圧巻の展示。多くの文献や資料などから戦いの姿を紹介。ほかに開国の立役者、岩瀬忠震の資料も並ぶ。

現場検証❶

わずかな城兵ながら武田軍の猛攻に耐えた長篠城

寡兵ながら堅城に守られ武田の大軍を釘付けにする

戦いの発端となったのは、武田信玄存命中の天正元年（1573）8月、信玄の西上作戦に呼応して徳川方から武田方に属することにした奥三河の国衆奥平氏が、信玄の死を知り再び徳川方に寝返ったことだ。これに武田家を率いていた（だが当主ではない）勝頼が激怒。天正3年（1575）4月、約1万5000の大軍を率いて三河に侵攻。5月になると奥平氏が籠る長篠城を包囲する。

一方、奥平貞昌率いる城兵はわずか500という寡兵であった。だが寒狭川と宇連川が合流して豊川となる合流点に立地する長篠城は、攻め口が少なく武田軍の猛攻にもよく耐えた。しかし兵糧蔵が焼失したことで、数日以内に落城は必至というところまで追い詰められてしまう。

5月14日の夜、貞昌の家臣の鳥居強右衛門《すねえもん》が、武田軍の厳重な囲みをかいくぐり城

長篠城籠城戦における両軍の配置

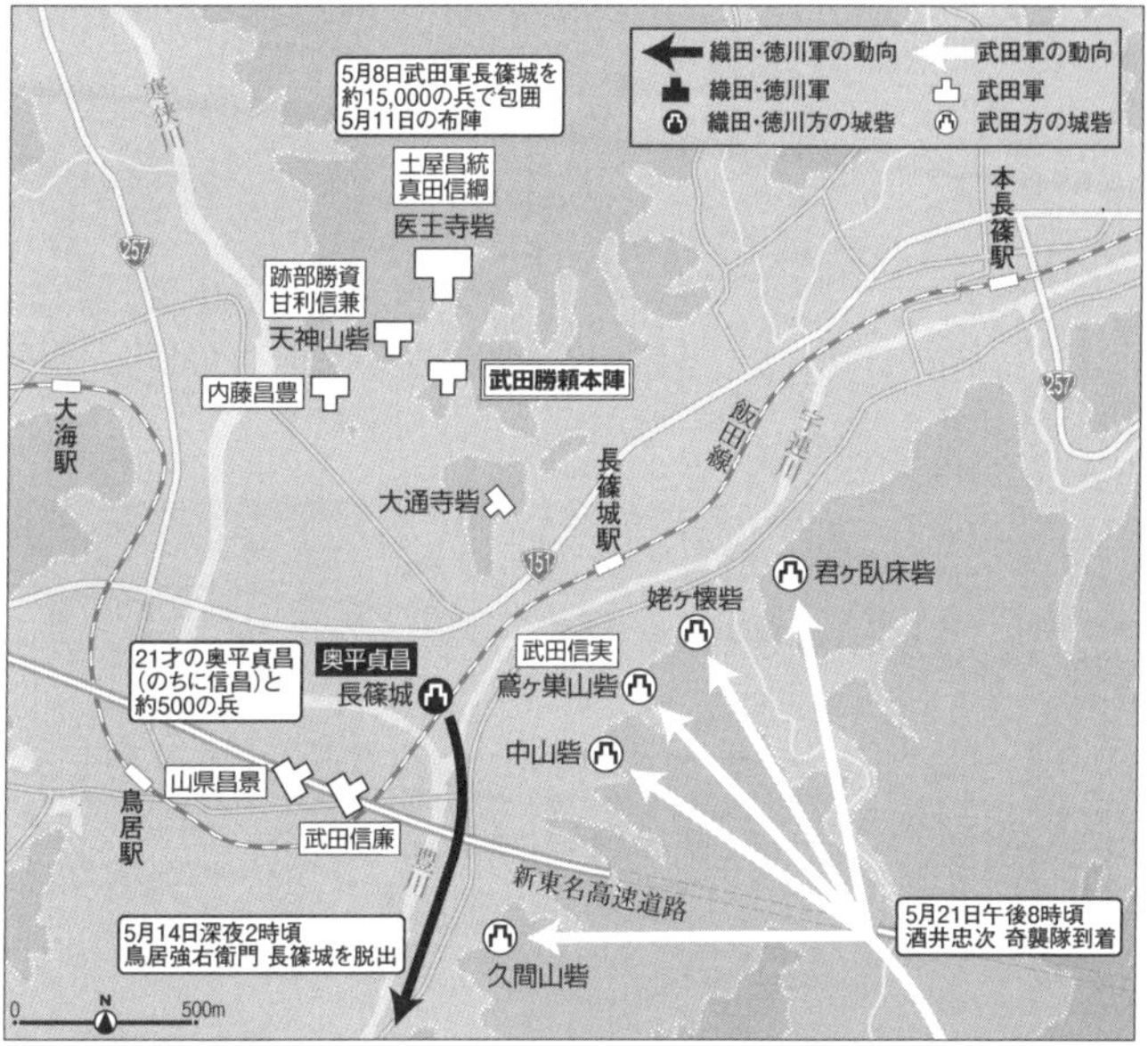

川の合流点に建つ長篠城は、川に面した方向は断崖絶壁なので攻めることは不可能。武田方は大手門に面する側に幾重もの陣を構えた。織田・徳川連合軍の別働隊は、川を隔てた砦を攻略した。

を脱出。岡崎城の徳川家康に援軍を要請しに行った。岡崎城にはすでに信長の援軍3万が到着し、家康の手勢8000と共に長篠へ出撃する態勢であった。

　強右衛門はすぐさま城にとって返し、このことを貞昌以下城兵に伝えようとした。しかし城の目前で武田方に捕えられてしまう。最

鳶ヶ巣山砦を攻略した酒井忠次の別働隊

『長篠合戦図屏風』に描かれた別働隊の働き。連合軍側の第一目的は、包囲された長篠城を救援すること。その意味からすれば、鳶ヶ巣山砦を落としたことで目的達成。合戦図展開では橋が架かっているように描かれているが、実際にはなかったと思われる。

鳥居強右衛門が磔にされた地に建つ碑

城の窮状を訴えるために城を抜け出し、途中まで川の中を“歩いて”岡崎へと向かった鳥居強右衛門。武田方は城の対岸にいくつもの陣や砦を設けて警戒していたが、強右衛門は無事に脱出することに成功した。

初から死を覚悟の強右衛門は、武田側の厳しい尋問に臆することがなかった。その態度に感銘した勝頼は「そちを磔にして城の前に立てる。そこで〝援軍は来ない。あきらめて城を明け渡せ〟と叫べ。そうすれば助命する」と取引を持ちかけたのである。

強右衛門は承知し翌朝、両脇を武田の兵に抱えられながら「使いに出た鳥居強右衛門だ。敵に捕まりこの始末になった。城中の方々、よく聞け」と叫んだ。その様子に城兵は固唾を呑む。続いて強右衛門は「あと2、3日で数万の大軍が救援にやって来る。それまで持ち堪えよ」と続ける。

強右衛門は怒った武田の兵に長篠城の対岸まで連れてこられ、そこで磔となった。

しかしその言葉に奮起した城兵はついに城を守り通した。

別働隊の奇襲が成功し長篠城は窮地を脱した

織田・徳川連合軍は5月18日、長篠城の手前の設楽原に着陣し、弾正山と呼ばれる舌状台地に沿って陣を敷いた。この際、馬の突進を防ぐための馬防柵を構築している。これはそれまでの戦いからすると異例とも言えるものであった。

一方、連合軍着陣の報を受けた武田方では、その後の決戦か撤退かを決する軍議が開かれた。信玄時代から仕える老臣たちは、一旦引いて態勢を立て直すことを進言したが、勝頼と若い側近らは決戦を主張。結局、長篠城には抑えの兵を置き、主力は連合軍が待つ設楽原へ転進する。

5月20日の夜になると、信長は家康の重鎮である酒井忠次に500挺の鉄砲と約4000の兵を預け、長篠城背後に築かれた武田軍の鳶ヶ巣山砦をはじめとする4つの支砦を攻撃させた。この奇襲は見事に成功し、長篠城に兵糧を運び込むことができた。こうして連合軍は、長篠城救援という第一目的を果たす。長篠合戦図屏風にも、その様子はしっかりと描かれているのである。

現場検証❷

敵が集中攻撃に出る場所に鉄砲隊を配置したと考える

ぬかるみに脚をとられない数カ所を集中的に攻撃

『信長公記』によれば設楽原に移動した武田軍は、連合軍と二十町（約2018m）の距離を隔て、信玄台地と呼ばれる小山に、13カ所に分け西向きの陣を敷いた。こうした武田方の動きを見た信長は「武田軍が近くに布陣してくれたのは天が与えてくれた好機。これをことごとく討ち果たすべし」と考えた。

武田軍は、山国育ちで耐久力がある甲斐駒の利点を生かし騎馬隊を編成。その騎馬隊による密集戦法を得意とした。ひとたび騎馬隊が突撃と迅速な攻撃を繰り出せば、天下無敵の実力を発揮したのである。そのため近接戦に持ち込むべく、信玄台地に陣を敷いたのであろう。

一方の織田・徳川連合軍は、鉄砲という新兵器を大量に持ち込んでいる。ここで懸案となるのが、連合軍は3000挺の鉄砲を1000挺ずつ3段に分け、これを順々

設楽原決戦時の両軍の布陣図

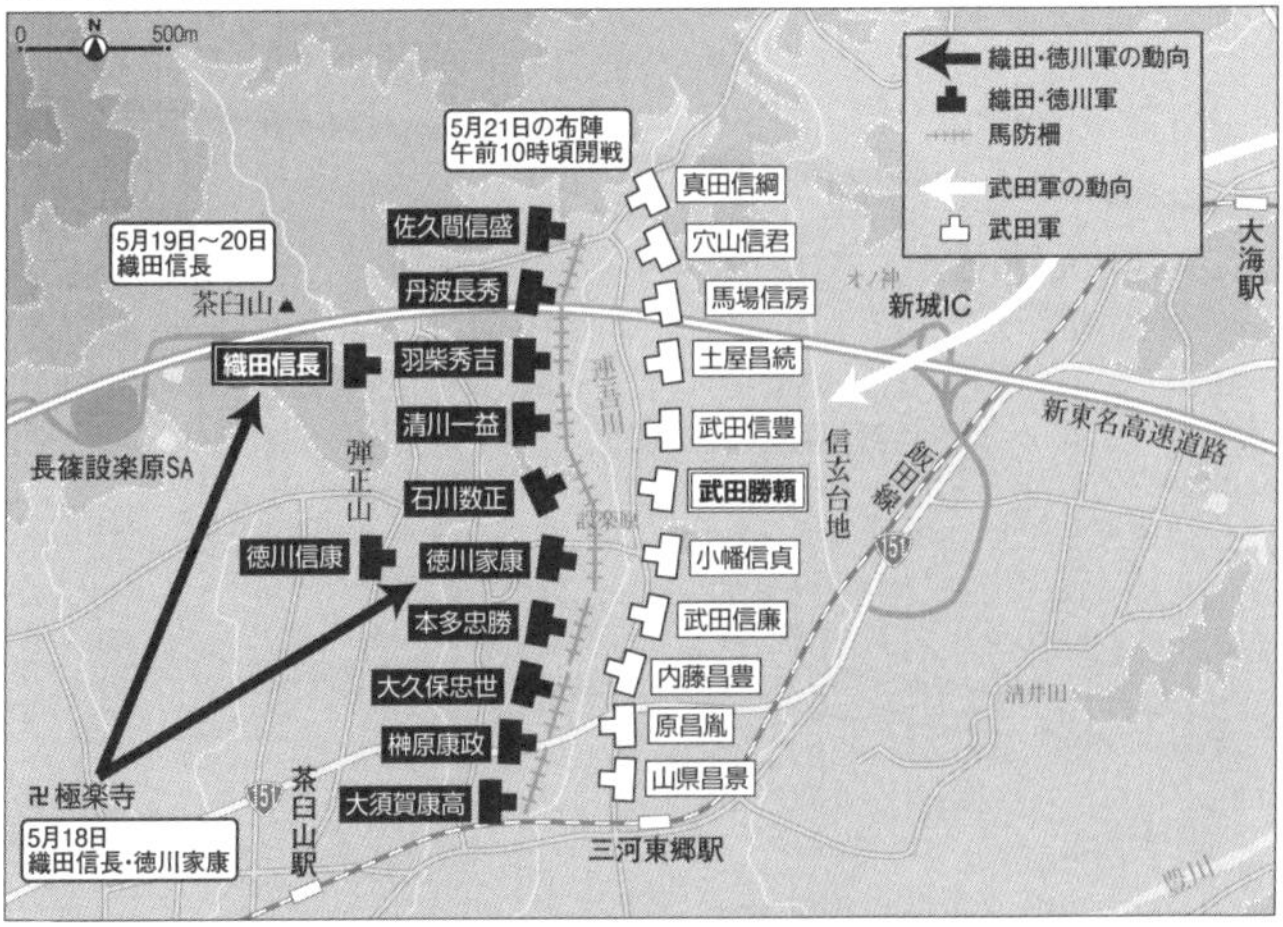

設楽原は東の信玄台地と西の弾正山に挟まれた狭い平地を指す。テレビや映画で出て来るような平原ではない。同じような地形は付近にもあるが、鉄砲の射程を考えるとここの距離感が最も適していた。

に発射することで間断なく射撃ができる「三段撃ち」を行ったかどうか、だ。

「当時の鉄砲は弾を込め射撃できるようになるまで、約30秒の時間を要しました。これを3挺ひと組で行うと10秒で1発、30秒で3発、1分で6発になります。1挺の鉄砲が1時間に120発撃つことになり、1000挺だと12万、3000挺で36万発が1時間で消費される計算。武田軍が1万5000人だとすると、あまりに無駄弾が多いですよね。ですから武田軍の攻撃が集中する場所に鉄砲を多く配置したと思われます」

と湯浅氏は分析する。設楽原は今もその名残りがあるが、中央を流れる連吾川の両側は、水田やぬかるみとなっている。そこに騎馬で突っ込めば、脚をとられてしまうのは必定。それは武田方もわかるので、道になっている場所を通って攻撃する。連合軍側はそこに鉄砲を集中させれば効率的に迎撃できる、というわけだ。

その言葉を思い浮かべ、武田軍が布陣した側から連合軍の陣地を眺めると、クルマが通れる幾筋かの道がつながっていることに気づく。そこはいずれも〝激戦地〟とされる場所ばかりだ。武田方がぬかるみに馬の脚(もちろん人も)をとられない場所を選び、集中的に攻撃を仕掛けたことがわかる。

狭い場所に鉄砲が集中すれば、自然と射撃した者は敵から狙われないように後ろに下がり、弾込めが終われば再び前に出て射撃する、という動きが繰り返される。この動きがあたかも三段撃ちのように見えたのではないか。そして全ての鉄砲が稼働するわけではないので、膨大な無駄弾が生じない。湯浅氏のこの分析は、理にかなっているのではないか。

丸山争奪戦を繰り広げる両軍

戦場の北側には丸山と呼ばれる小さな山がある。ここを巡っては織田方の武将・佐久間信盛と、武田方の武将・馬場信春が激しい争奪戦を演じている。両軍が布陣した場所の中間付近にある小山は、当時としては大変重要な戦略地点であったに違いない。

「大」の旗印が目印の武田勝頼本陣

武田勝頼の本陣には勝頼の存在を示す「大」の旗が描かれている。旗本たちに守られ、馬上の人として描かれているのが勝頼だ。当時は今よりも木立が少なかったとも考えられるので、陣を敷いた高台から戦場全体を俯瞰することができたかも知れない。

合戦図に描かれた山県昌景の最期

長篠合戦図屏風はいくつかの種類がある。豊田市郷土資料館蔵のものは、山県昌景が鉄砲に当たって倒れた際、敵に首を取られないように、従者が掻き切って持ち去る場面が少しわかりにくく描かれている。首を抱えて逃げる小物がしっかり描かれたものもある。

現場検証 ❸

戦場をつぶさに歩いてみると戦いの実情が見えてくる

地形を最大限に生かして城のような陣を構築する

弾正山と呼ばれる舌状台地のへりに沿って、織田・徳川連合軍が布陣した。そして騎馬の突進を防ぐための柵を巡らせたのである。設楽原の真ん中を流れる連吾川を堀、その背後に馬防柵、さらに弾正山が背後に回り込まれないための防塁の役目を果たしてくれる。これは地形を最大限に生かした、野戦陣地といえよう。

「おそらく信長や家康は、その土地の者から事前に情報を仕入れて、設楽原が戦いに最も適していると判断したのでしょう。同じような地形は他にもありますが、ふたつの台地間の距離が鉄砲で狙うのに適していること、中央に川が流れているといった条件を見ると、設楽原が決戦地に最適と判断したのでしょう」

飛行機などのない時代「即座に設楽原が戦いに適した場所だということをどうして知り得たのか」と言う疑問に対する湯浅氏の答えだ。確かに俯瞰して見なくても、そ

**派手な馬印
存在が際立つ信長**

信長は屏風の左上に描かれている。よく目立つ南蛮笠の馬印なので確認しやすいだろう。遠近感や誇張があるが、この合戦図屏風は数ある同様のものと比べ、戦場全体の配置や雰囲気をよく伝えている。現地を実際に歩いてみると、とくにそれが感じられる。

**ズラリと並んだ
鉄砲隊が目立つ**

織田・徳川連合軍の最前列には、武田方に銃口を向けた鉄砲隊と馬防柵が描かれている。しかも突進して来る武田方と比べると、整然と並んでいる印象を受ける。ただ三段撃ちをするような態勢には描かれていない。

の地に詳しい者ならかなり正確に土地の特徴を掴むことができる。しかも現在のように建物が点在していなくて、川の護岸もなければなおさらだ。

そんな連合軍の陣地でもっとも弱点となるのが、南端に布陣した徳川家康の陣だ。ここは背後の弾正山の端に当たるため、正面も背後も平地となる。ただもう少し南に下ると、連吾川の川幅が広くなり、さらに深い渓谷を成して

激戦地となった家康の陣付近

家康が陣を構えた場所は、戦場全体で最も守りが脆弱な場所であったと考えられる。背後に山がないので、ここを突破すれば武田方は連合軍の背後へと回り込むことができるからだ。腹背から攻撃されれば、連合軍も崩れたかも知れない。

川幅が広がる連吾川

戦場を二分するように流れる連吾川。合戦図屏風にもしっかり描かれている。この川は主戦場付近では小川だが、家康の陣から下流は川幅が広がっていくうえ、深く切れ込んでいく。絵もそれらしく描かれている。

徳川家康の陣

徳川家康の陣には多くの将兵が描かれている。長篠の戦いの発端は、徳川方に属していた長篠城が攻められたことなので、戦いの主体はあくまでも徳川ということになる。それもあり家康の陣は絵でも最前線から近い場所に配置されている。

いる。そうなると、馬が川を越せなくなるため、徳川陣の付近は「竹広激戦地」と呼ばれる激戦地となったのだ。

徳川軍が一番厳しい戦場を任されたのは、この戦いはもともと徳川方に属する将の城が攻撃されたことがきっかけとなっているから。武田方はこの方面に重臣の山県昌景が当たっていることから、いかに重要地点だったかがわかるであろう。

鳶ヶ巣山砦での攻防戦が決着した5月21日の早朝、設楽原での決戦の火蓋が切って落とされた。武田軍は先にも触れたように、連合軍の弱点を狙って攻撃を仕掛けた。武田家の家老たちは、長年にわたり強敵の上杉軍と死闘を演じてきた歴戦の勇者だ。負けるとわかっている戦さを強いる軽率さはない。

だが勝頼には信長や家康を倒しておかなければならない理由が存在した。この頃、勝頼は武田家の頭領ではあったが当主は息子であった。勝頼は信玄の側室の子であり、正室の子が信玄と対立して粛清されたため、後継者の座に就いたのだ。だが息子の方が立場的には上であるうえに、事績に関しては何かにつけ信玄と比較されてしまう。勝頼の激しい気性から考えると、日々鬱々としていたことは間違いないだろう。

こうした状況を打開するために、勝頼は是が非でも信玄を超える功績を挙げる必要があった。ここで信長や家康の首を取れば、寝返った者たちも帰参するかも知れない。逆に戦わないで引き揚げたならば、連合軍の前で怖じ気づいたとされ、武田家から離反者が続出しただろう。こうした様々な事情を考えると、勝頼は戦わずにはいられなかった。

早朝から始まった激闘は昼過ぎまで続いた。結果は連合軍の圧倒的な勝利となる。連合軍側の主な武将に戦死者はいなかったが、武田方は譜代家老の内藤昌秀《まさひで》、馬場信春、山県昌景をはじめ原昌胤《まさたね》、真田信綱、土屋昌続《まさつぐ》、安中景繁《あんなかかげしげ》などの重臣が戦死し、大きく弱体化した。合戦に大勝利した織田・徳川軍は、そのまま勝頼を追い込むことはせず、さらに弱まるのを待った。そして天正10年（1582）3月、織田・徳川連合軍に攻められ、ついに武田家は滅亡する。

現在の設楽原も
田んぼが広がる湿地

織田・徳川連合軍が築いたとされる馬防柵が再現されている場所は、柳田前激戦地付近である。馬防柵の形が正しいかはともかく、手前が田んぼでぬかるんでいるのがわかるだろう。当時は今よりも平地部分は田んぼであった可能性が高い。

戦場を二分した連吾川
南側は川幅が広がる

主戦場となっていた場所では、両軍の間を流れている連吾川は馬ならば飛び越せるほどの小川であった。しかし徳川軍が布陣した場所(左後方の山)よりも南側になると、次第に川幅が広がる。さらにこのすぐ下流では深く切れ込んだ渓谷となるのだ。

徳川軍の陣の向かいに
建つ山県昌景の墓

連合軍の弱点は背後の山が切れる戦場南側の部分。ここを守る徳川軍に対し、武田方も精鋭の山県昌景軍が攻め立てた。写真右奥の山が徳川軍陣地で、左に行くと山がなくなっている。武田軍はここに兵力を集中。徳川軍も鉄砲を集めたと思われる。

おわりに　信長という天才とポルトガル人との出会いが貴重な記録を紡いだ

下克上の風潮が極まり、諸国ににわか大名も多く出現し、日々、どこかで合戦が繰り広げられていた戦国時代。尾張半国の守護代に過ぎなかった織田家に、信長という天才的な武将が誕生した。既存の価値観に囚われることなく、自らの役に立つと思ったものはどんな事でも貪欲に取り込んでいった。その画期的な戦略や戦術が、戦国時代を終焉へと近づけたといっても過言ではない。

信長の誕生とほぼ時を同じくして、遥かヨーロッパからポルトガル人たちが交易とキリスト教の布教のためにやって来た。天才信長の目から見れば、日本にはない文物を持ち込んで来た彼ら南蛮人たちは、これ以上はないという興味の対象であったと思われる。信長の勢力が強まって行くにつれ、南蛮人たちとの交流も増えていく。なかでも密接な交流を続けていたことで知られているのが、本書で取り上げたイエズス会の宣教師、ルイス・フロイスである。

フロイスが書き残した『日本史』には、信長をはじめ当時の日本を動かしていた様々な人物や事柄に触れている。これは安土桃山時代を知るための、第一級の資料となっており、そこに書かれている信長は世界的に見ても希有な英雄であったことが伺える。歴史に「もしも」は禁物なのはわかっているが、『日本史』を読んでいくと、どうしても「もしも信長があと10年生きていたら」という事を考えてしまう。

それにしてもこの『日本史』の原稿はあまりにも膨大であったため、検閲したアレッサンドロ・ヴァリニャーノが、本来の執筆趣旨に反するとして記事を短縮するように命じている。しかしフロイスはそれに応じなかった。そのため、１５９７年にフロイスが没した後、原稿はマカオのマカオ司教座聖堂に留め置かれ、忘れ去られた。

１７４２年になり、ポルトガル学士院が写本を作成。ようやく本国に送られることになった。その後、１８３５年にマカオ司教座聖堂が焼失。この時、『日本史』の原本も焼失してしまったと思われる。写本が作成されていたのが不幸中の幸いであったが、その写本も各地に散逸していた。後年、散らばっていたものが集められ、行方不明となってしまった第1巻以外が出版された。戦国という激動の時代を知ることができる資料が完全に失われなかったことに、日本人として感謝を述べたい。

サンエイ新書好評既刊

密教の聖地
高野山
その地に眠る偉人たち
上永哲矢
野田伊豆守

歴史上に名を残した多くの偉人との関係を紐解きながら高野山の知られざる一面を紹介。空海によって開基された平安時代から、戦乱の世を経た江戸時代までをたどる。高野山とゆかりの深い人物伝も多数収録！

1

三国志
その終わりと始まり
上永哲矢

後漢王朝の衰退から、激動の群雄割拠を経て、魏呉蜀の三国時代へ。そして晋の天下統一。今なお語り継がれる英雄譚を、陳寿が著した正史『三国志』を基に解説。三国志の舞台の地を訪れたルポルタージュも必読。

2

［カラー版］古地図で読み解く
城下町の秘密
男の隠れ家編集部 編

古地図を使って全国32カ所の城下町の成り立ちを学べる一冊。地形や町割、町名などの情報から当時の様子を徹底分析。東日本は上田、弘前、仙台、会津若松など、西日本は金沢、大阪、津和野、萩などを紹介。

3

『古事記』を旅する
神話彷徨
編纂1300年 日本最古の歴史書
時空旅人編集部 編

天武天皇の勅命により編纂された『古事記』。ヤマトコトバで編まれたその神話性を読み解く。出雲神話と日向神話、そしてヤマト神話とゆかりのある地を訪れたルポルタージュでは、今に生きる神話の世界を覗く。

4

おカネは「使い方」が9割
《生きガネ》を操る実戦心理術
向谷匡史

学歴も偏差値も、カネの前では無意味。ヤクザ、ホスト、政治家、フィクサーなど、1万円を10万円、100万円の価値に高め、その《生きガネ》を使うことで自分を売り込むプロたちの「実戦マネー心理術」。

5

今こそ知りたい
アイヌ
北の大地に生きる人々の歴史と文化
時空旅人編集部 編

北海道を中心に独自の文化を築いてきた先住民族アイヌ。自然や動植物、道具など、あらゆるものをカムイ＝神とする深淵な世界を紹介。さらに歴史も通じて日本の多様性を問う一冊。博物館&資料館ガイド付き。

6

時空旅人編集部

「時空旅人」は三栄書房が発行する隔月刊誌。奇数月26日発売。読み応えのある文章と厳選したビジュアルで、読者を遥かな歴史の世界へと誘う。太平洋戦争における日本、聖地・高野山の秘密、三国志と英雄たちの物語など「時」と「空間」にこだわらず、毎号幅広いテーマで挑戦的な特集を続けている。歴史好きだけでなく、誰もが楽しめる歴史雑誌。

執筆者◎上永哲矢(P2-3、P10-29、P36-41、P44-71、P74-99、P172-195)、野田伊豆守(P100-107、110-135、P142-159、P164-171、P192-219、P220-221)

ルイス・フロイスが見た
異聞・織田信長

2018年9月13日　初版 第1刷発行

編　者――――時空旅人編集部
発行人――――星野邦久
発行元――――株式会社三栄書房
〒160-8461 東京都新宿区新宿6-27-30
新宿イーストサイドスクエア 7F
TEL:03-6897-4611(販売部)
TEL:048-988-6011(受注センター)
装幀者――――丸山雄一郎(SPICE DESIGN)
制　作――――株式会社プラネットライツ
印刷製本所――図書印刷株式会社

Printed in Japan ISBN 978-4-7796-3735-3